フローチャートでわかる

かんたん
相続登記

相続登記実務研究会 編

日本加除出版株式会社

はしがき

　土地や建物の所有者が亡くなった際に登記の名義変更の手続（相続登記）がされないために，所有者がわからない土地や建物が増えていることが，大きな社会問題になっています。これに対応するため，令和6年4月1日から，法律により「相続登記が義務化」されることになりました。「相続登記の義務化」は，過去に相続した未登記の不動産にも適用され，正当な理由なく義務を怠った場合には10万円以下のペナルティ（過料）の対象になるなど，皆様が今から備えておく必要がある大変重要な制度です。

　本書は，そのような制度改正も踏まえ，相続登記をご自身で行うことをご検討されている方に向けて，相続登記の申請の仕方をわかりやすく解説したものです。相続問題に詳しい弁護士と司法書士が協同して手続を解説した画期的な書籍であり，一般の方はもちろん，専門家にも広く活用していただけるものと自負しています。

　親族が亡くなった後に相続登記をしないまま放置しておくと，将来，手続がとても複雑になり，多くの時間と費用をかけて，弁護士などの専門家に頼まなければならないことが少なくありません。そのような事態を防ぐためには，相続開始後速やかに，遺産分割を行い，相続登記をすることが大切です。

　本書では，法律的な知識がなくても，フローチャートに従えば典型的な相続登記の申請手続が理解できるようになっています。まずは第1章2頁のフローチャートを確認して，ご自身がどのケースに当たるのかを確認してください。第2章〜第4章では，遺言のある・なしや，遺言の内容に応じて，それぞれのケースに必要な書類や，登記申請書の書き方がわかりやすく記載されています。本書であげた典型的なケースに当たらない複雑な場合には，関係するところでその都度，司法書士などの専門家に相談してもらうことをお勧めしています。

　本書をまとめるにあたっては，令和4年9月から毎月，研究会を開催し，各担当者の執筆した原稿について議論を重ねてきました。法務省民事局付の森下宏輝さんにも，本書完成までに有益な指摘，助言をいただきました。もとより内容面についてはすべて，我々執筆者に責任があるものです。また，日本加除出版の渡邊宏美さん，松原史明さん，康恵美さんにも大変お世話になりました。この場をお借りしまして，皆様に心よりお礼申し上げます。

　令和5年5月

相続登記実務研究会

編集代表　大坪　和敏

不動産登記簿流
イメージキャラクター
「トウキツネ」

目　次

第1章　相続登記の基礎知識

第2章　遺言がない場合の相続登記手続

第3章　遺言がある場合の相続登記手続

第4章 相続人に対する遺贈の登記

第1章　相続登記の基礎知識

第1　相続と不動産登記

> 相続開始と遺産の相続手続

1　人が亡くなると，その人が生前に持っていた財産（遺産といいます。）は，子や配偶者（相続人といいます。）などに引き継がれます。亡くなった方（被相続人といいます。）が銀行等の預金口座を持っている場合は，被相続人の死亡により預金口座は凍結され，それを相続人等に名義を変更したり，解約したりする必要があります。被相続人が不動産（土地と建物のことをいいます。）を持っている場合には，相続人への登記名義の変更（相続登記）が必要になります。

被相続人の財産（遺産）を誰が取得するかについては，被相続人があらかじめ遺言で定めておくこともできますが，遺言がないときに誰がどれだけの割合で遺産を承継するかは，民法で規定されています。

被相続人が亡くなってから，遺産を相続人等が取得するまでの手続（相続手続といいます。）の流れは，大きくは次の図表のとおりです。

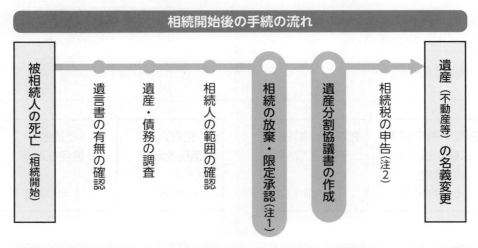

相続開始後の手続の流れ

被相続人の死亡（相続開始）→ 遺言書の有無の確認 → 遺産・債務の調査 → 相続人の範囲の確認 → 相続の放棄・限定承認（注1）→ 遺産分割協議書の作成 → 相続税の申告（注2）→ 遺産（不動産等）の名義変更

注1　債務が多くて相続したくないという場合には，相続開始を知った日から3か月以内に相続の放棄などの手続をする必要があります（民法915条）。

注2　相続財産等の価値の合計額によっては相続税の申告が必要となります。相続税の申告書の提出期限は，相続の開始があったことを知った日（通常は被相続人の死亡の日）の翌日から10か月以内です。

相続手続の全体像

2　被相続人の遺産を相続人等が取得する手続（相続手続）は，次のような流れで進められます。遺言があるかないかで，大きく二つに分かれます。

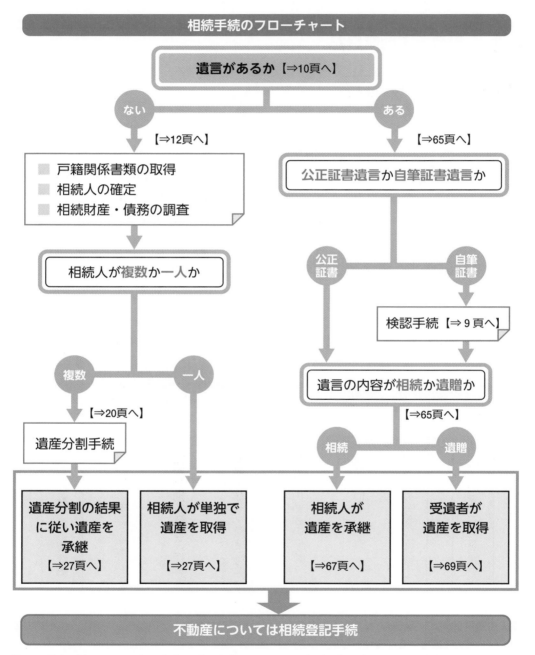

注　不動産が亡くなった方の先代などの名義になっている場合（4頁）の登記申請書については，91頁をご参照ください。

> **相続手続の基礎知識**

3 (1) 相続人

　　　誰が被相続人の相続人になるかは法律で決まっています。被相続人の配偶者（夫婦の一方からみた他方）は，必ず相続人となります（民法890条）。

　①被相続人に子がいる場合には，子（養子も含まれます。）も相続人となります。②子がいない場合には，被相続人の父母（父母が亡くなっている場合は祖父母）が相続人となります。③被相続人に子がおらず，父母等が既に亡くなっている場合には，被相続人の兄弟姉妹が相続人となります。これらの相続人を血族相続人といいます。

　このように，被相続人が亡くなった場合には，配偶者と血族相続人が相続人になります。相続手続をする際には，まずは被相続人の相続人を確定する必要があります（相続人の確定の方法について詳しくは12頁）。

相続人の種類と順位		
相続人の種類		相続人となる順位
配偶者相続人		常に相続人
相続人 血族相続人	子（民法887条1項） 子の代襲者・再代襲者^注（民法887条2項，3項）	第1順位
	直系尊属（民法889条1項1号）（父母など）	第2順位
	兄弟姉妹（民法889条1項2号） 兄弟姉妹の代襲者^注（民法889条2項，887条2項）	第3順位

注　代襲者，再代襲者については4頁を参照してください。

(2) 法定相続分

　相続人を確定したところ，複数の相続人がいる場合には，それぞれの相続人が遺産に対してどのくらいの割合の持分を有しているかが問題となります。

　まず，持分の割合を決める遺言があれば，原則としてその割合によることになります。

　遺言がない場合には，後で説明する遺産分割が行われるまでは，暫定的に，民法の定める割合の持分を有することになります。これを法定相続分といいます（民法900条）。この割合は，次の図表のとおりです。

	第1順位		第2順位		第3順位	
	配偶者	子	配偶者	直系尊属 (親)	配偶者	兄弟姉妹
法定相続分	$\dfrac{1}{2}$	$\dfrac{1}{2}$	$\dfrac{2}{3}$	$\dfrac{1}{3}$	$\dfrac{3}{4}$	$\dfrac{1}{4}$

配偶者と血族相続人の法定相続分

注　子，直系尊属，兄弟姉妹が複数いる場合は，それぞれの数の頭割りで法定相続分が決まります。例えば，配偶者と子2人がいる場合は，配偶者が2分の1，子がそれぞれ4分の1ずつとなります。

(3)　特殊な相続

　ア　代襲相続

　例えば，被相続人（Aさん）が<u>亡くなる前に</u>被相続人の子（Bさん）が死亡しており，Bさんの子（Cさん）がいる場合のCさんのことを**代襲者**といいます。Cさんは，Aさんの孫ですが，Bさんの代襲者として相続人になり，A→Cという相続が発生します。これを**代襲相続**といいます。代襲相続には，①子が相続人となる場合と，②兄弟姉妹が相続人となる場合があります。①子については，さらにAさんが亡くなる前にCさんも死亡している場合にCさんの子DさんがAさんの相続人になります。この場合のDさんを**再代襲者**といいます（兄弟姉妹についての代襲相続の場合には，再代襲相続はできません。）。

〈代襲相続の例〉

①　子についての代襲相続の場合　　　　　②　兄弟姉妹についての代襲相続

　イ　数次相続

　Aさんが亡くなった後にBさんが亡くなった場合は，A（親）→B（子）とB（子）→C（孫）という二つの相続が発生します。これを**数次相続**といいます。

お父さんが亡くなって不動産の相続登記をしようとしたら，不動産の登記名義が祖父のままだったということも少なくないと思われます。この場合，父の相続登記をする前に，祖父から父への相続登記をする必要があります（詳しくは91頁）。

（詳しくは91頁）

不動産登記の基礎知識

4

(1)　不動産登記の意味

　ある土地や建物（不動産）が誰の所有であるのか，あるいは所有権が誰から誰に移転したかは，所有者だけでなく，その土地建物を買ったり，借りたりしようとする人などにとって重大な関心事です。そこで，ある不動産について誰がその所有権を有しているか，あるいはどのように所有権が移転しているかを，外部から認識できるようにするのが不動産登記制度です。一筆（土地の個数の単位を「筆」といいます。）の土地または一個の建物ごとに登記記録が作成され，登記記録が記録された帳簿（登記簿といいます。）を見ればその不動産の所有者が誰か，所有者がどのように移転しているかなどを知ることができます。

　土地建物の所有者は，自身が所有者であることを，不動産登記によって簡単に証明することができます。また，不動産を購入しようとする人も，不動産登記によって売主が所有者であるかを確認し，購入後は登記名義を売主から移転してもらうことにより，不動産を所有者から購入したことを公に記録することができます。このように不動産登記は，不動産の権利関係を明らかにして，安心して取引ができるようにするための重要な制度です。

(2)　相続登記手続の重要性

　不動産登記を確認すれば，誰がその不動産の所有者かが簡単に分かるということが，不動産登記制度ではとても大事なのですが，かねてより相続が開始しても，相続登記がなされず，長い間，先代の名義のまま放置されている不動産も少なくありませんでした。このように相続が開始しても相続登記されずにいると，後日，別の相続が発生した際には，相続登記手続に関わる人が増えていき，その関係者は相続が発生するたびに増加することになります。関係者の中には住所や連絡先が分からず所在不明の人が出てくるなどして，登記しようと思っても簡単に協力が得られず，余計な時間と費用を要することもあります。このため時間の経過とととともに相続登記が困難となり，ますます相続登記がなされず放置されるという悪循環に陥ることになります。

　相続登記を放置した際の不利益は，その不動産について売買などの処分をしようとする際に現実化します。そのことが大きな問題として認識されることになったのが2011（平成23）年の東日本大震災でした。東日本大震災では，津波により多くの住宅が流され，

その復興事業においては，道路等の復旧や，住宅を高台に移転するなどが計画されました。しかし，登記簿上の所有者が本来の所有者ではなく，本来の所有者が誰か分からない土地（「所有者不明土地」といいます。）が多数存在したことから，事業が円滑に進まず，復旧・復興の妨げになりました。そして，このような所有者不明土地は，被災地だけでなく全国に多数存在することが指摘され，所有者不明土地問題として国会で取り上げられることになりました。

権利関係を正しく登記に反映させるためには，相続開始後，速やかに相続登記をすることが重要です。そこで，2021（令和３）年に，法律によって相続人の相続登記が義務付けられることになりました。相続登記の義務化は2024（令和６）年４月１日からスタートします。相続登記の義務化により，相続人は，相続によって不動産を取得したことを知った時から３年以内に相続登記をすることが義務付けられます。相続登記の義務化は，過去に発生した相続によって取得した不動産についても適用されます。このように，相続登記の義務化は，とても大きな影響のある制度ですので，相続登記が未了の不動産をお持ちの場合は，速やかに，相続登記をすることを検討しましょう。「相続登記の義務化」など，新制度の内容を詳しく知りたい方は，以下の法務省ホームページを参照してください。

- ●「所有者不明土地の解消に向けた民事基本法制の見直し（民法・不動産登記法等一部改正法・相続土地国庫帰属法）」（https://www.moj.go.jp/MINJI/minji05_00343.html）
- ●「あなたと家族をつなぐ相続登記 ～相続登記・遺産分割を進めましょう～」（https://www.moj.go.jp/MINJI/minji05_00435.html）

遺言がない場合の相続手続の流れ

5 相続人が遺言をしていれば，相続人がどのような遺産を取得するかは，原則として遺言の内容に従って決まることになりますが，日本では，遺言がされることはまだそれほど多くはありません。遺言がない場合は，相続手続は，民法のルールに従って行われることになります。遺言がない場合の相続手続の流れは，次のフローチャートのとおりです。

相続人が一人の場合と複数の場合で，大きく手続が異なることになります。相続人が複数の場合には，相続人間でどのように遺産を分けるか話し合いをすることが必要になります。これを「遺産分割協議」といいます（詳しくは第２の**6**（20頁）を参照してください。）。

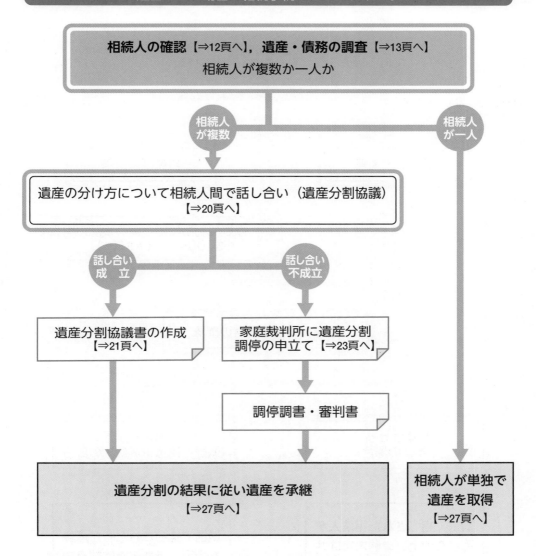

遺言がない場合の相続手続のフローチャート

相続人の確認【⇒12頁へ】，**遺産・債務の調査**【⇒13頁へ】
相続人が複数か一人か

相続人
が複数

相続人
が一人

遺産の分け方について相続人間で話し合い（遺産分割協議）
【⇒20頁へ】

話し合い
成　立

話し合い
不成立

遺産分割協議書の作成
【⇒21頁へ】

家庭裁判所に遺産分割
調停の申立て【⇒23頁へ】

調停調書・審判書

遺産分割の結果に従い遺産を承継
【⇒27頁へ】

相続人が単独で
遺産を取得
【⇒27頁へ】

注　相続人間で，遺産の分け方について話し合いができず，または話し合いをしても合意に至らなかった場合には，法定相続分（4頁）に従って相続登記することもできます。

遺言がある場合の相続手続の流れ

6　遺言には，大きく分けて，自筆証書遺言と公正証書遺言があります。

自筆証書遺言は，遺言者が遺言書の全文，日付及び氏名を全て自分で書き（自書），押印して作成するものです（民法968条）。

公正証書遺言は，遺言者が遺言の内容を公証人に口頭で伝え，公証人がこれを筆記して公正証書による遺言書を作成するものです（民法969条）。

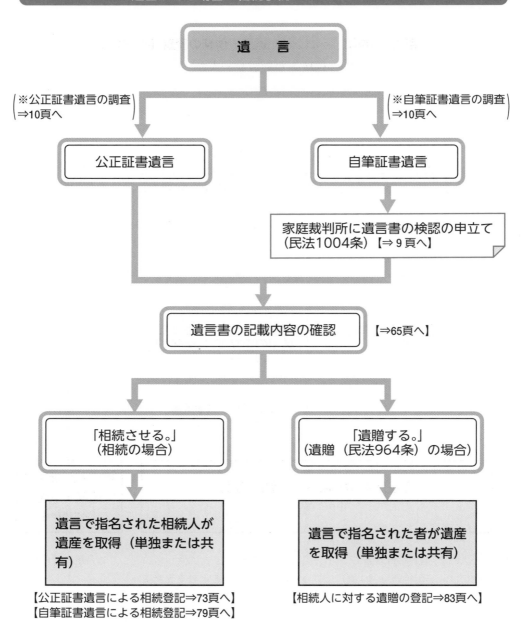

遺言がある場合の相続手続のフローチャート

遺　言

※公正証書遺言の調査
⇒10頁へ

※自筆証書遺言の調査
⇒10頁へ

公正証書遺言

自筆証書遺言

家庭裁判所に遺言書の検認の申立て
（民法1004条）【⇒9頁へ】

遺言書の記載内容の確認　【⇒65頁へ】

「相続させる。」
（相続の場合）

「遺贈する。」
（遺贈（民法964条）の場合）

遺言で指名された相続人が遺産を取得（単独または共有）

遺言で指名された者が遺産を取得（単独または共有）

【公正証書遺言による相続登記⇒73頁へ】
【自筆証書遺言による相続登記⇒79頁へ】

【相続人に対する遺贈の登記⇒83頁へ】

　いずれの遺言も，遺言書の中に遺言に記載された遺産を相続人等に取得させる手続などを行う遺言執行者（いごんしっこうしゃ）が定められていることがあります（民法1006条）。遺言執行者がいる場合には，相続登記などは遺言執行者が行います（81頁）。

7 （1） 自筆証書遺言

　　　自筆証書遺言を発見したら，家庭裁判所で遺言書の検認[けんにん]の手続をとる必要があります（民法1004条1項）。

　検認の手続は，遺言書を保管している人または遺言書を発見した相続人が，被相続人の住所地を管轄する家庭裁判所に申し立てて行います。

　検認手続をしなければ，遺言書に基づいて不動産の相続登記をすることはできませんので，注意してください。

　ただし，下記の遺言書保管制度を利用した遺言書の場合は検認は不要です。

〈遺言書の検認手続〉

申立てをする人	①遺言書の保管者，②遺言書を発見した相続人
申し立てる場所	遺言者の最後の住所地を管轄する家庭裁判所
費　　　　　用	遺言書（封書の場合は封書）1通につき収入印紙800円分 連絡用の郵便切手（申し立てる家庭裁判所に確認してください）
必　要　書　類	申立書（家庭裁判所（またはそのホームページ）に書式があります） 相続人を示す戸籍関係書類（通常は①遺言者の出生時から死亡時までの全ての戸籍全部事項証明，除籍・改製原戸籍[かいせいげん こ せきとうほん]謄本，②相続人全員の戸籍全部事項証明書）

Column

遺言書保管制度

　遺言者が自筆証書遺言を作成しても，遺言者の死亡後，遺言書の保管場所が分からずに，相続人が，遺言書があることに気が付かないまま遺産分割を行うおそれがあります。そのため令和2年7月から自筆証書遺言の保管制度が設けられました。これは遺言者が，法務局に，自筆証書遺言の保管の申請をすることができる制度です。法務局（遺言書保管所）に保管されている自筆証書遺言については，検認手続をする必要はありません（法務局における遺言書の保管等に関する法律11条）。

　遺言者の死亡後，遺言者の相続人等は，法務局に対して「遺言書情報証明書」の交付を請求し，遺言書の内容を確認することができます（同法9条）。法務局に遺言を預けているか不明の場合には「遺言書保管事実証明書」の交付請求をして保管されているかどうかを調べることもできます（同法10条）。

　詳しい制度の内容は，法務省のホームページなどでご確認ください。

(https://www.moj.go.jp/MINJI/01.html)

（2） 公正証書遺言

　公正証書遺言については，家庭裁判所における検認の手続は必要ありません。

第2 相続登記のための準備

　以下では，「相続手続のフローチャート」（2頁）に沿って，相続登記のための準備について解説していきます。

　家族構成や個々の事情ごとに，用意する書類や手順も違ってきます。

```
        相続登記手続の大まかな流れ

Ⅰ　相続登記のための準備
    ①　遺言書の有無を確認　　　⇒第2の１（10頁）
    ②　相続人の確認　　　　　　⇒第2の２（12頁）
    ③　不動産の確認　　　　　　⇒第2の３（13頁），第2の４（14頁）
    ④　不動産を相続する相続人の確定（遺産分割）
                              ⇒第2の６（20頁）

Ⅱ　登記申請手続
    ①　登記申請書の作成　　　　⇒第2章第1の１（27頁）ほか
    ②　添付書類の準備　　　　　⇒第2章第1の２（33頁），第1の３（37頁）
    ③　登録免許税の納付　　　　⇒第2の５（19頁），第2章第1の４（38頁）
    ④　法務局への申請　　　　　⇒第2章第1の５（44頁）
    ⑤　完了書類の受領　　　　　⇒第2章第1の６（46頁）
```

　なお，登記申請の方法には，登記申請書を書面で作成して法務局に提出する「書面申請方式」と法務省のホームページからダウンロードしたソフトを利用して行う「オンライン申請方式」があります。

　本書では，このうち比較的手続が簡単な「書面申請方式」の解説を行います。オンラインでの登記申請に興味がある方は，法務局のホームページを参照してください。

　法務局トップページ＞不動産登記申請手続＞不動産の所有者が亡くなった（相続の登記をオンライン申請したい方）

（https://houmukyoku.moj.go.jp/homu/fudosan_online03.html）

> **まずは遺言書があるかを確かめよう**

１　相続手続をする前に，まずは，被相続人の「遺言書」があるかどうかを確認しましょう。

遺言書には，手書きで作成されたもの（自筆証書遺言）と，公証役場で作成されたもの（公正証書遺言）があります。

自筆証書遺言は，被相続人が生前にご自宅等で保管されていることも多いですので，遺品を整理される際には，自筆証書遺言がないか探してみてください。なお，自筆証書遺言によって相続登記の手続をしようとする場合には，遺言書の原本が必要となり，遺言書のコピーで手続することはできませんので，遺言書の原本は大切に保管しておきましょう。

公正証書遺言は，公証役場に遺言書が保管されています。相続人は，公証役場で，公正証書遺言が作成されているのかどうか，作成された場合はどの公証役場でいつ作成されたのかなどを遺言検索システムで調べることができます。遺言検索システムでは，平成元年以降に全国の公証役場で作成された遺言公正証書に関するデータを無料で検索することができます。相続人が遺言検索システムを使用して公正証書遺言の検索をする場合には，相続人であることを証明する戸籍全部事項証明書と検索を請求する方の本人確認資料を用意して，近くの公証役場で手続を行ってください。

遺言検索システムによる検索の結果，被相続人が公正証書遺言を作成していることが判明したときは，公正証書が作成された公証役場で公正証書遺言の写し（謄本といいます。）を取得することができます。

詳しくは，公証役場のホームページ（https://www.koshonin.gr.jp/list）または近くの公証役場で確認してください。

げんぽん せいほん とうほん
原本・正本・謄本の違い

公正証書遺言には，原本・正本・謄本があります。遺言者・2人の証人・公証人が署名押印をした「原本」は公証役場で保管されることになります。

遺言者が遺言書を作成したときに，公証役場から遺言者に交付されるのは，正本と謄本です。

いずれも原本全部の写しになりますが，謄本は，原本の内容を証明するために作られた書面で，その中でも特に権限のある人が作成した原本と同一の効力を持つ書面を「正本」といいます。

もっとも，相続登記の手続に必要な遺言公正証書は正本でも謄本でも構いません（銀行などの手続でも同様です。）。

> **相続人を確定しよう〜相続人の確定のために必要な書類を集める〜**

2 　遺言書はどうやらなさそうだ，という場合は，次のステップに進みます。

　ここでは，相続登記に必要な書類を集めていきます。

　被相続人の不動産を相続する権利のある人は誰なのかは，基本的に戸籍に書かれています（誰が相続人となるかについては，第1の**3**（3頁）を参照してください。）。

　まずは次の①〜⑤の書類を一通ずつ揃えましょう。

〈相続関係を確認するために必要な書類〉

取得する書類（全て各1通）	取得場所	気をつけること
①亡くなった方（被相続人）の，生まれてから亡くなるまでの，全ての戸籍全部事項証明書・改製原戸籍・除籍謄本	被相続人の本籍地の市区町村役場	「相続手続で使うので全ての戸籍が欲しい。」と市区町村の窓口で伝えると教えてもらえることが多いです。
②住民票の除票（亡くなった方）	被相続人の最後の住所地の市区町村役場	「本籍地の記載が入っているもの。」と窓口で伝えるとよいです。
③戸籍全部事項証明書（相続人全員）	それぞれの本籍地の市区町村役場	
④印鑑証明書（相続人全員）	それぞれの住所登録地の市区町村役場	相続人が一人しかいない場合は不要です。
⑤住民票（不動産を相続する相続人）	住所登録地の市区町村役場	個人番号（マイナンバー）の記載がないものを取得してください。

　上の表①の戸籍関係書類は，被相続人が生まれてから亡くなるまで作成期間が連続したものを全て取得する必要があります。本籍に異動がある場合に遠方の市区町村に請求しなければならない場合もあります。取得方法には，窓口での取得，郵送での取得，マルチコピー機の設置されているコンビニエンスストアでの取得（マイナンバーカードが必要）の3つの方法があります。詳しくは市区町村のホームページで確認してください。

　市区町村役場によっては窓口の方が，「どこに転籍している」，「これより前の戸籍はどこどこの市区町村にある」など丁寧に説明してくれることもあります。戸籍の読み方（誰が相続人になるのかなど）や遠方の市区町村への請求方法が分からない，相続関係が複雑である，相続人に外国籍の方がいるなどの事情がある場合は，司法書士や弁護士に相談してください。

被相続人の不動産を確認しよう～不動産の情報を集める～

3 不動産の相続登記の手続をするためには，亡くなった方（被相続人）の名義になっている不動産の正確な情報を集める必要があります。

　土地や建物の登記簿には，不動産の名義人の氏名・住所のほか，不動産を特定するための所在・地番や家屋番号などの情報が記載されています。登記手続の際にはそれらの情報が必要になります。登記簿の内容は，最寄りの法務局で土地や建物の「全部事項証明書」を取得してその内容を確認することで知ることができます。

　全部事項証明書は，法務局の窓口のほか郵送で取得することもできます。なお，「登記情報提供サービス」を利用してインターネットで登記情報を取得（クレジットカード決済）して確認することもできます。詳しくは100頁の問い合わせ一覧を参照してください。

　もっとも，被相続人がどのような不動産を持っていたのかが分からなければ，「全部事項証明書」を取得することができません。

　被相続人がどのような不動産を持っていたかは，毎年5～6月頃に届く固定資産税・都市計画税の「納税通知書」，「課税明細書」で確認することができます。

　被相続人がどのような不動産を所有していたか正確に分からない場合には，名寄帳または固定資産課税台帳の写しを取得する必要があります。これらの書類には，被相続人が所有していた不動産が記載されています。

　亡くなった方の不動産について，漏れなく全部事項証明書を取得するには，ちょっとしたコツがあります。次頁の表の①→②の順番で全部事項証明書を取得し，必要な情報を得ていくとよいでしょう。

取得する書類の有効期限

1　戸籍関係書類の有効期限

　相続登記の手続では，基本的に戸籍関係の書類に有効期限はありません。ただし，相続人全員の戸籍については，相続が発生した後（不動産を所有している方が亡くなった後）に取得する必要があります。

　また，預貯金等の相続手続では，取得後6か月以内等の期限を設けている金融機関等も多いので，相続開始後に新たに取得することをおすすめします。

2　印鑑証明書の有効期限

　遺産分割協議書を使って相続登記をする際には，遺産分割協議書に相続人が実印で押印し，登記申請書に印鑑証明書を添付して手続をする必要があります。この印鑑証明書の有効期限はありません。遺産分割協議書作成時に印鑑証明書も一緒に取得し，それを提出すれば足ります。もっとも預貯金等の相続手続では，戸籍関係書類と同様に金融機関等が期限を設けていることがあります。

〈不動産を確認するために必要な書類〉

取得する書類（全て各1通）	取得場所
①名寄帳または固定資産課税台帳の写し	不動産がある市区町村役場（一部市区町村は各都道府県税事務所）
②不動産の全部事項証明書（亡くなった方が所有するもの全て）	全国の法務局（本局，支局，出張所，登記サービスセンター）

　相続人が，亡くなった方の名寄帳の写しを取得するためには，戸籍全部事項証明書等や本人確認のための身分証明書が必要になることがあります。市区町村役場等に出向く前にあらかじめ問い合わせして確認するとよいでしょう。

　無事に名寄帳の写しが取得できたら，そこに記載されている全ての土地と建物について，最寄りの法務局で不動産の「全部事項証明書」を取得します（一通あたり約600円の手数料がかかります。詳しくは最寄りの法務局に問い合わせてください。）。

不動産全部事項証明書の見方〜登記申請書に記載するために必要な情報〜

4　不動産は，法務局で取得した全部事項証明書の次の記載を確認することで特定することができます。

土地について：証明書の上部「表題部」の「所在」と「地番」

建物について：証明書の上部「表題部」の「所在」と「家屋番号」

マンションなどの敷地権付建物についても同様です。

次頁以降に不動産の全部事項証明書例を4つ掲載しています。

順番に，①土地（図1），②建物（図2），③所有権に関する記載がない建物（図3），④マンション（敷地権付建物）（図4）の全部事項証明書です。

各図の網掛け部分がポイント（登記申請書で記載が必要になる事項）になります。

「地番」と「住居表示（住所）」の違い

　土地の全部事項証明書を取得するためには，「地番」で土地を特定する必要があります。地番は，法務局が一筆の土地ごとに付した番号で，住所に使われている住居表示とは異なります。地番が分からない場合には，住所をもとに，「ブルーマップ」や登記情報提供サービス（13頁）内の「地番検索サービス」のほか，不動産が所在する法務局で確認することができます。

　その土地上の建物の「家屋番号」も，地番を使って，登記情報提供サービス（「土地からの建物検索指定」）などで調べることができます。

〈図1　土地の全部事項証明書例〉

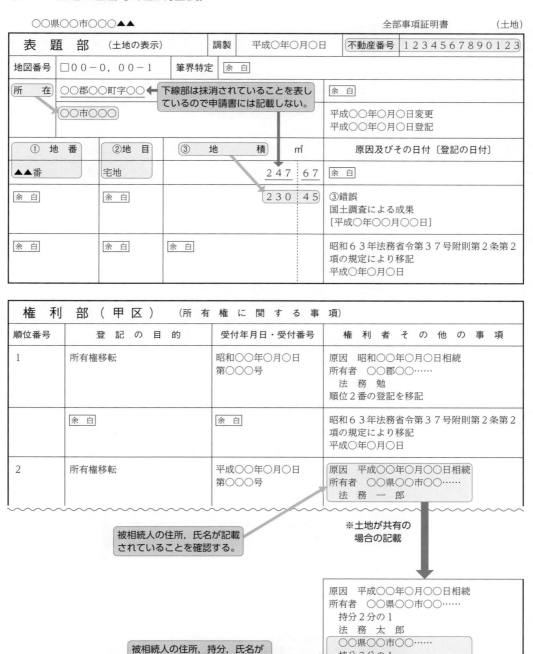

〈図2　建物の全部事項証明書例①〉

○○県○○市○○○▲−▲−▲　　　　　　　　　　　　　　　全部事項証明書　　　　（建物）

表　題　部　（主である建物の表示）		調製	平成○年○月○日	不動産番号	1 2 3 4 5 6 7 8 9 0 1 2 3
所在図番号	余 白				
所　　在	○○郡○○町字○○　　▲番地▲ ○○市○○○▲番地▲		下線部は抹消されていることを表しているので申請書には記載しない。	余 白 平成○○年○月○日変更 平成○○年○月○日登記	
家屋番号	▲番▲の▲			余 白	

①　種　類	②　構　　造	③　床　面　積　㎡	原因及びその日付〔登記の日付〕
居宅	木造瓦葺2階建	1階　　216｜11 2階　　133｜12	不詳 〔平成○○年○月○日〕
余 白	余 白	余 白	昭和63年法務省令第37号附則第2条第2項の規定により移記 平成○年○月○日

権　利　部　（　甲　区　）　　（所　有　権　に　関　す　る　事　項）			
順位番号	登　記　の　目　的	受付年月日・受付番号	権　利　者　そ　の　他　の　事　項
1	所有権移転	昭和○○年○月○日 第○○○号	原因　昭和○○年○月○日相続 所有者　○○郡○○…… 　　法　務　勉 順位2番の登記を移記
	余 白	余 白	昭和63年法務省令第37号附則第2条第2項の規定により移記 平成○年○月○日
2	所有権移転	平成○○年○月○日 第○○○号	原因　平成○○年○月○日相続 所有者　○○県○○市○○…… 　　法　務　一　郎

被相続人の住所，氏名が記載されていることを確認する。

※建物が共有の場合の記載

原因　平成○○年○月○○日相続
所有者　○○県○○市○○……
　　持分2分の1
　　法　務　太　郎
　　○○県○○市○○……
　　持分2分の1
　　法　務　一　郎

被相続人の住所，持分，氏名が記載されていることを確認する。

〈図3　建物の全部事項証明書例②〉

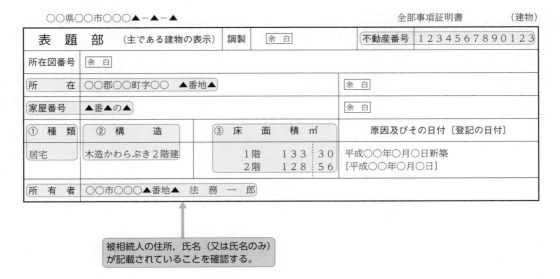

○○県○○市○○○▲−▲−▲　　　　　　　　　　　　全部事項証明書　　　　　（建物）

表　題　部	(主である建物の表示)	調製	余　白		不動産番号	1 2 3 4 5 6 7 8 9 0 1 2 3

被相続人の住所，氏名（又は氏名のみ）が記載されていることを確認する。

上記のほかに，「権利部（甲区）（所有権に関する事項）」という欄がないことを確認する。

法定相続情報証明制度

　不動産が全国各地にある場合の相続登記や，複数の金融機関の預金口座の解約などの際には，相続人の資格を証明するために，それぞれの金融機関の窓口ごとに被相続人等の戸籍関係の書類の提出が必要となります。その手間を軽くするために，法務局では「法定相続情報証明制度」を設けています。

　相続人が，①被相続人が出生してから死亡するまでの連続した戸籍関係の書類と，②相続関係を一覧にした図を法務局に提出して申請すれば，登記官が内容を確認した法定相続情報一覧図の写しの交付を受けることができます。相続登記や，複数の金融機関の預金口座の解約などの際に，この一覧図の写しのみを法務局や各金融機関に提出すれば足りますので，いちいち戸籍関係の書類を提出する手間が省けます。

　法定相続情報証明制度については，法務局のホームページ『「法定相続情報証明制度」について』を参照してください（https://houmukyoku.moj.go.jp/homu/page7_000013.html）。

〈図4　マンションの全部事項証明書例〉

専有部分の家屋番号	▲▲▲－▲－1　～　▲▲▲－▲－○○○

表　題　部	（一棟の建物の表示）	調製	平成○年○月○日	所在図番号	余　白

所　　在	○○市○○区○○一丁目　▲▲▲番地▲	余　白

建物の名称	○○マンション○○○○	余　白

①　構　　造	②　床　面　積　㎡	原因及びその日付〔登記の日付〕
鉄筋コンクリート造陸屋根 4階建	1階　258　63 2階　228　44 3階　228　44 4階　159　90	余　白
余　白	余　白	昭和63年法務省令第37号附則第2条 第2項の規定により移記 平成○年○月○日

表　題　部	（敷地権の目的である土地の表示）

①土地の符号	②　所　在　及　び　地　番	③地　目	④　地　積　㎡	登　記　の　日　付
1	○○市○○区○○一丁目▲▲番▲	宅地	577　00	平成○年○月○日

表　題　部	（専有部分の建物の表示）	不動産番号	1234567890123

家屋番号	○○一丁目　▲▲▲番▲の○○○	余　白

建物の名称	○○○号	余　白

①　種　類	②　構　　造	③　床　面　積　㎡	原因及びその日付〔登記の日付〕
居宅	鉄筋コンクリート造1階建	4階部分　86　36	平成○年○月○日新築

表　題　部	（敷地権の表示）

①土地の符号	②敷地権の種類	③　敷　地　権　の　割　合	原因及びその日付〔登記の日付〕
1	所有権	8万520分の7658	平成○年○月○日敷地権 〔平成○年○月○日〕

権　利　部　（　甲　区　）	（　所　有　権　に　関　す　る　事　項　）		
順位番号	登　記　の　目　的	受付年月日・受付番号	権　利　者　そ　の　他　の　事　項
1	所有権保存	平成○○年○月○日 第○○○○号	原因　平成○○年○月○日売買 所有者　○○区○○…… 　法　務　勉 順位1番の登記を移記
	余　白	余　白	昭和63年法務省令第37号附則第2条第2項の規定により移記 平成○年○月○日
2	所有権移転	平成○○年○月○日 第○○○○号	原因　平成○○年○月○日相続 所有者　○○区○○…… 　法　務　一　郎

被相続人の住所，氏名が記載されていることを確認する。

> **相続登記におけるお金〜登録免許税の納付方法〜**

5 不動産の登記を申請する者は，登録免許税という税金（国税）を納付しなければなりません（38頁参照）。登録免許税の納付は，登記申請をする時までに行わなければなりません。

登記を書面で申請する場合は，①印紙納付と，②現金納付の二通りの納付方法があります。

(1) 印紙納付

一般に，登録免許税の納付方法で一番多く使われているのは，登録免許税額の収入印紙を購入し，台紙（白紙）にそれを貼付したものを登記申請書に綴じて申請する，という方法です（印紙納付といいます。）。

法律では，この収入印紙を使用して納付する方法は，登録免許税が３万円以下の場合に限って認められることになっていますが，実務的には，３万円を超える場合でも収入印紙での納付が認められており，ほとんどの場合がこの方法で納付されています。印紙納付の方法については，**45**頁に詳しく記載しています。

(2) 現金納付

登録免許税は，現金でも納付することができます（現金納付といいます。）。「現金納付」という言葉からは，直接法務局に現金を持参して納付する方法がイメージされますが，実際は，現金をもって法務局に直接納付することはできません。

現金納付は，税務署（または金融機関）に備え付けの納付書（領収済通知書）に必要事項を記入し，それを使って税務署または金融機関で納付します。納付後，納付印が押された領収済通知書（納付書）の原本を法務局へ提出することで，登記官に登録免許税を納付したことを確認してもらうことになります。

この現金納付の方法は，事前に最寄りの税務署等で納付書（領収済通知書）を入手する必要があります。

住民票と住民票の写し

必要書類としての「住民票（市区町村長の証明のあるもの）」は，厳密には「住民票の写し」のことです。この「住民票の写し」は，複写機でコピーしたもののことではありません。市役所等で発行される書類のことを「住民票の写し」といいます。相続手続では，「住民票の写し」の「原本」を添付する必要があります。

本書では，一般の方がイメージされる表現を用いることとし，単に「住民票」とのみ記載しています。

6 (1) 遺産の分割手続

　　相続人が複数いる場合には，法律上，相続財産は，いったんは相続人全員が法定相続分に応じて共同で取得することになります（民法898条）が，最終的にどの遺産を誰に相続させるかは未確定な状態になります。

　　したがって，遺産についての権利を確定させるためには，相続人の間で，最終的にどの遺産を，誰に相続させるかを決める必要があります。この手続が「遺産分割手続」で，遺産分割のために相続人の間で行われる話し合いを「遺産分割協議」といいます。

　　遺産分割手続には，①相続人間の協議（話し合い）による分割（遺産分割協議。民法907条1項）と，②協議がまとまらなかった場合に家庭裁判所でする分割があります（例外的に遺言で分割の方法が指定されていることもあります。民法908条）。

　　②の家庭裁判所でする分割の手続には，家庭裁判所で遺産分割の話し合いをする**遺産分割調停**の場合（民法907条1項）と，話し合いがまとまらない場合に家庭裁判所が審判という裁判で決める**遺産分割審判**の場合（民法907条2項）があります。

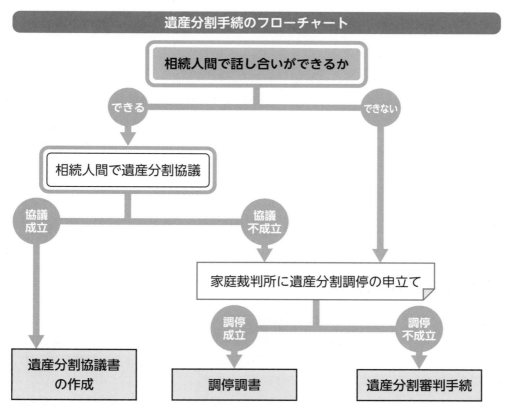

注　遺産分割調停が不成立になった場合は，新たに申立てをしなくても自動的に審判手続に移行します（別に審判を申し立てる必要はありません。）。

(2) 遺産分割の方法

遺産分割協議には，被相続人の全ての相続人が参加する必要があります。遺産分割協議の前に，必ず相続人を確定させるようにしましょう（12頁を参照してください。）。

遺産を分割する方法は，一般的には，不動産などの遺産をそのまま共同相続人に分ける方法（現物分割といいます。）と，一部の相続人が不動産などの遺産の現物を取得し，遺産を取得した相続人が遺産を取得しなかった他の相続人に対して金銭（代償金といいます。）を支払う方法（代償分割といいます。）があります。

相続人がA，Bの二人である場合を例に，現物分割と代償分割の例を示すと次のとおりです。

現物分割	・遺産として不動産と預金がある場合に，不動産を相続人Aに，預金を相続人Bに取得させる。 ・遺産として甲土地と乙土地がある場合に，甲土地を相続人Aに，乙土地を相続人Bに取得させる。
代償分割	・遺産として甲土地がある場合に，甲土地を相続人Aが取得し，Aが相続人Bに甲土地の価格の2分の1に相当する金銭を支払う。

(3) 遺産分割協議書の作成

相続人間の話し合いにより誰がどの遺産を取得するかについて合意した（協議が調った）場合には，合意した内容を書面（遺産分割協議書といいます。）にして，不動産登記申請や金融機関などの遺産承継の手続に利用します。

遺産分割協議書には，全ての遺産を細かく記載する必要はなく，不動産，預貯金などの金融資産，高価な動産など特にどの相続人が取得するかを明確に定めておく必要がある遺産だけを記載すれば十分です。不動産登記手続のために，不動産のみについて遺産分割協議書を作成することもできます。

不動産の相続登記の申請や，金融機関の相続手続で利用するために，遺産分割協議書には相続人全員が実印で押印し，それぞれの相続人の印鑑証明書を用意する必要があります。

〈図5　遺産分割協議書例〉

記載例①：現物分割（相続人Ａが不動産を取得し，相続人Ｂがその他の財産を取得する場合）

遺産分割協議書

　　被相続人○○（令和４年10月１日死亡，本籍：東京都○○区○○一丁目２番地，以下「被相続人」という。）の相続人Ａ（以下「Ａ」という。）及び同Ｂ（以下「Ｂ」という。）は，被相続人の遺産の分割につき，以下のとおり合意し，遺産分割協議書（以下「本協議書」という。）を締結した。

第１条　次の不動産は，Ａが取得する。

　　(1)　土　　　地

　　　　所　　在　　　　○○区○○一丁目

　　　　地　　番　　　　２番３

　　　　地　　目　　　　宅地

> 不動産を記載する場合，法務局の全部事項証明書を見て，当該不動産の「所在」，「地番」，「地目」，「家屋番号」等を書きます。

　　(2)　建　　　物

　　　　所　　在　　　　○○区○○一丁目２番地

　　　　家屋番号　　　　２番３

第２条　次の預金は，Ｂが取得する。

　　　　○○銀行○○支店　普通預金　口座番号○○○○○○○

第３条　本協議書に記載なき遺産及び後日判明した遺産は，Ｂが取得する。

　　本協議の成立を証するため，本協議書を２通作成して，相続人らが各自署名押印し，各自１通を保有する。

令和５年４月１日

　　　　住　　所

　　　　相続人　　　　　　　　　　　　　㊞

　　　　住　　所

　　　　相続人　　　　　　　　　　　　　㊞

> 署名は自署でなくても構いませんが，実印で押印し，印鑑証明書を添付する必要があります。

記載例②：代償分割（相続人Aが不動産を取得し，Aが相続人Bに代償金を支払う場合）

> 第1条　次の不動産はAが取得する。
>
> 　　　　所　在（以下省略）
>
> 第2条　AはBに対し，前条の遺産取得の代償として500万円の債務を負担することとし，これを令和○年○月○日限り，Bの指定するBの次の銀行口座に振り込み支払う。
>
> 　　　　○○銀行○○支店　普通預金　口座番号○○○○○○○

(4)　家庭裁判所における手続

　相続人間で遺産分割についての話し合いがまとまらなかった場合には，家庭裁判所に遺産分割の調停を申し立てて，最終的に裁判所の裁判（審判といいます。）により遺産を分割することになります。

　遺産分割調停の手続の概要は次のとおりです。

〈遺産分割調停手続の概要・特徴〉

調停の行われる場所	調停は家庭裁判所の調停室で行われます。
調停の参加者	調停手続は，通常，調停委員2名が，申立人と相手方のそれぞれから話を聴いて進められます。原則として，申立人と相手方は，交替しながら別々に調停委員と話をします。そのため，申立人待合室と相手方待合室が別々に用意されています。
調停の出席	調停には，当事者の出席義務があります。手続代理人に出頭してもらうこともできます。
協議の内容	調停では，調停委員は，通常，次のことについて確認しながら話し合いを進めます。 ①誰が相続人かの確認，②何が遺産か（原則として被相続人が亡くなった時点で所有していて，分割時も残っているものが調停で分割の対象になります。），③遺産の価値はいくらか（不動産等の評価額），④各相続人の取得額はいくらか（特別受益や寄与分など），⑤どのように遺産を分割するか。調停にかかる時間は1回2時間程度です。
手続の公開	調停手続は非公開で行われます。関係者以外の人が原則として傍聴することはできません。また，調停の様子を録音・録画することは禁止されています。

遺産分割調停手続の申立てについては，家庭裁判所のホームページなどに申立書等の記載例，提出書類の一覧等が掲載されていますのでそちらを参照してください。

裁判所のトップページ＞各地の裁判所＞東京家庭裁判所＞裁判手続を利用する方へ＞手続案内＞家事調停の申立て

「相続に関する調停の申立書」の「●遺産分割調停」

(https://www.courts.go.jp/tokyo-f/saiban/tetuzuki/syosiki02/index.html)

〈遺産分割調停手続の申立て〉

申し立てる家庭裁判所	意見が対立している相続人（相手方）の住所地を管轄する家庭裁判所。相続人間で協議して合意した家庭裁判所に申し立てることもできます（管轄合意書を提出します。）。
申 立 費 用	被相続人一人につき1,200円（収入印紙） ほかに連絡用の郵便切手などを納める必要があります。
提 出 書 類	①申立書（表紙＋当事者目録＋遺産目録） ②事情説明書 ③連絡先等の届出書 ④進行に関する照会回答書
添 付 書 類（戸籍関係）	相続人全員の３か月以内に発行された戸籍全部事項証明書 相続人全員の住民票または戸籍の附票 被相続人の生まれてから死亡するまでの間の連続した全戸籍関係の書類 被相続人の住民票除票または戸籍の附票　　　　等
添 付 書 類（遺産関係）	遺産に関する資料 不動産について　：不動産登記事項証明書，固定資産評価証明書 預金口座について：預貯金の通帳の写し　　　　等

家庭裁判所の調停において，当事者間で合意が成立した場合には，調停調書が作成されます。調停調書に，金銭の支払や物の引渡し，登記義務の履行などが定められている場合，それに違反する当事者がいても，判決のように裁判所の手続によって強制的に調停の内容を実現することができます。

調停での話し合いの結果，当事者間に合意が成立する見込みがない場合には，調停は不成立となり，自動的に審判手続に移行します。

〈図6 遺産分割調停申立書の書式〉

この申立書の写しは，法律の定めるところにより，申立ての内容を知らせるため，相手方に送付されます。

受付印		
	遺産分割 □ 調停 / □ 審判 申立書	
	（この欄に申立て1件あたり収入印紙1,200円分を貼ってください。）	
収 入 印 紙　　　　円		
予納郵便切手　　　　円	（貼った印紙に押印しないでください。）	

	家 庭 裁 判 所 御中	申 立 人 （又は法定代理人など） の 記 名 押 印		印
令和　　年　　月　　日				

添付書類	（審理のために必要な場合は，追加書類の提出をお願いすることがあります。） □ 戸籍（除籍・改製原戸籍）謄本（全部事項証明書）合計　　通 □ 住民票又は戸籍附票 合計　　通　　□ 不動産登記事項証明書 合計　　通 □ 固定資産評価証明書 合計　　通　　□ 預貯金通帳写し又は残高証明書 合計　　通 □ 有価証券写し 合計　　通　　□	準口頭

当 事 者		別紙当事者目録記載のとおり	
被相続人	最 後 の 住 所	都 道 府 県	
	フリガナ 氏　　名		平成 令和　　年　　月　　日死亡

申 立 て の 趣 旨

□ 被相続人の遺産の全部の分割の（□ 調停 ／ □ 審判）を求める。

□ 被相続人の遺産のうち，別紙遺産目録記載の次の遺産の分割の（□ 調停 ／ □ 審判）を求める。※1

【土地】　　　　　　　　　　　　　　　【建物】

【現金，預・貯金，株式等】

申 立 て の 理 由

遺産の種類及び内容	別紙遺産目録記載のとおり		
特 別 受 益 ※2	□ 有 ／	□ 無 ／	□ 不明
事前の遺産の一部分割 ※3	□ 有 ／	□ 無 ／	□ 不明
事前の預貯金債権の行使 ※4	□ 有 ／	□ 無 ／	□ 不明
申 立 て の 動 機	□ 分割の方法が決まらない。 □ 相続人の資格に争いがある。 □ 遺産の範囲に争いがある。 □ その他（　　　　　　　　　　　　　　　　　　　　　　）		

第2章　遺言がない場合の相続登記手続

第 1　相続登記の大まかな流れ

> **登記申請書の基礎知識**

1　(1)　はじめに

　　ここでは相続登記の手続の大まかな流れについて解説します。

　具体的には，①登記申請書の簡単な説明，②登記申請書と一緒に法務局に提出する書類（添付書類といいます。）の準備，③法務局に納める登録免許税，④法務局への申請方法，⑤登記完了後の書類の受領方法についてです。

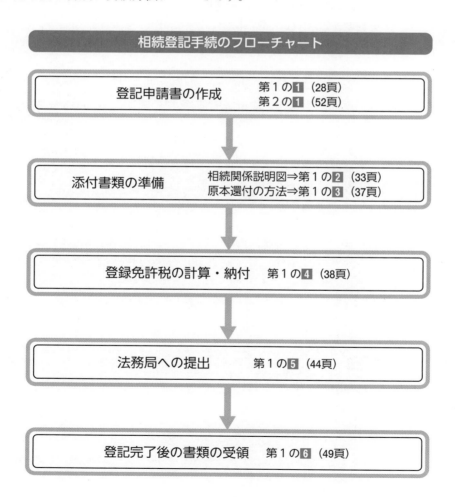

相続登記手続のフローチャート

| 登記申請書の作成 | 第1の **1**（28頁）
第2の **1**（52頁） |

| 添付書類の準備 | 相続関係説明図⇒第1の **2**（33頁）
原本還付の方法⇒第1の **3**（37頁） |

| 登録免許税の計算・納付　第1の **4**（38頁） |

| 法務局への提出　　第1の **5**（44頁） |

| 登記完了後の書類の受領　　第1の **6**（49頁） |

(2) 登記申請書の作成例

　登記申請書には，①登記の目的，②登記の原因，③相続人，④添付情報，⑤法務局への要望事項，⑥申請日，提出先，⑦課税価格，⑧登録免許税，⑨不動産の表示を記載します。

　その内容は次の図表のとおりです。

〈図7　登記申請書の記載例〉

※法務局で受付シールを貼りますので，申請書の上部を少し空けておくとよいでしょう。

登 記 申 請 書

登記の目的　　　所有権移転

> 被相続人が不動産の持分の一部のみを所有していたとき（共有の場合）は，「法務太郎持分全部移転」などと記載します。

原　　　因　　　令和○年○月○日　　相続

> 被相続人の亡くなった日付を書きます。

相　続　人　　　（被相続人　法務太郎）　注1

　　　　　　　　東京都千代田区○○町○丁目○番○号

　　　　　　　　○　○　○　○　　　㊞

> 連絡先の電話番号（携帯電話の番号でも構いません。）を記載します。

　　　　　　　　連絡先電話番号　　○○○－○○○○－○○○○

添 付 情 報　　　登記原因証明情報　　住所証明情報

> 登記完了後の書類を法務局で受領するときは記載する必要はありません。

　　　　送付の方法により登記完了証の交付を希望します。

　　　　送付の方法により登記識別情報通知書の交付を希望します。

　　　　送付の方法により原本還付書類の受領を希望します。

　　　　送付先の区分　申請人の住所

令和○年○月○日申請　　　　○○法務局御中

> ほかに「○○地方法務局○○支局」または「○○地方法務局○○出張所」など

課 税 価 格　　　金○万○○○○円

登 録 免 許 税　　　　　　　　金○万円

> 詳しくは**38**頁

不動産の表示　注2

> 相続する不動産について，全部事項証明書をみて記載します。

　所　　　在　　　○○市○○町○丁目

　地　　　番　　　○○番○○

　地　　　目　　　宅地

> ほかに「田」，「畑」，「雑種地」など

　地　　　積　　　○○.○○㎡

> 「㎡」と「平方メートル」どちらの記載でも構いません。

注1　相続人が二名以上になるとき（共有になるとき）は,「相続人」の表記において,次の記載のとおり持分も記載します。

```
相続人　　（被相続人　法務太郎）
　　　　　　東京都千代田区○○町○丁目○番○号
　　　　　　持分2分の1　○　○　○　○　　　㊞
　　　　　　　連絡先電話番号　○○○-○○○○-○○○○
　　　　　　東京都千代田区○○町○丁目○番○号
　　　　　　持分2分の1　○　○　○　○　　　㊞
　　　　　　　連絡先電話番号　○○○-○○○○-○○○○
```

注2　申請書は,一つの不動産ごとに作成するのが原則ですが,被相続人が,複数の不動産について同じ割合の持分を有しており,その複数の不動産を同一の相続人が相続する場合には,一通の申請書で申請ができます。

典型例は被相続人が土地と建物を単独で有しており,一人の相続人が相続する場合です。

〈登記申請書の記載項目と記載内容〉

	記載項目	記載内容
①	登記の目的	相続登記の場合は,「所有権移転」と記載します。
②	原　因	登記の「原因」は「相続」となるので,被相続人が亡くなった日を記載して「令和○年○月○日　相続」と記載します。
③	相続人	被相続人の氏名を記載して,不動産を相続した人の住所,氏名,連絡先の電話番号を記載します。 住所の記載は,「○○町1-1-1」など簡略化せず,住民票等に記載のあるとおり,「○○町一丁目1番1号」と正確に記載します。氏名の末尾に押印（朱肉を使うものであれば,実印でなくても構いません。）が必要となります。
④	添付情報	「登記原因証明情報　住所証明情報」と記載します（定型の表記です。）。具体的な添付書面の表記はしません。
⑤	郵送で完了書類を受領する場合	法務局への要望事項として,登記申請後の書類を郵送してもらうときの希望事項などを記載します。法務局に行って直接受領するときは,表記は不要です。
⑥	申請日等	法務局に書類を提出する日,提出先の管轄法務局を記載します。
⑦	課税価格	課税価格は登録免許税の計算の根拠となるものです（登録免許税の算出方法については「登録免許税の計算方法」（38頁））。
⑧	登録免許税	
⑨	不動産の表示	相続する不動産を表示します（記載方法につき詳しくは**30頁**）。

(3) その他の申請書作成時の注意点

　申請書は，A4の用紙を使用し，紙質は，なるべく長期間保存できる丈夫なもの（上質紙等）を使用しましょう。

　文字は，パソコン等を使用し入力するか，直接黒色インク，黒色ボールペン等（摩擦等により消える，または見えなくなるものは不可）で，はっきりと書いてください。鉛筆は使用できません。

　申請書が複数枚にわたる場合は，契印をする必要があります。契印（けいいん・ちぎりいん・くさびいん）とは，一つの書類が二枚以上の書面からなる場合に，それが一つの書類であることを確認するために，その複数の書面のつづり目に印章を押すことです（なお，二部以上ある契約書が，同一契約上であることを証明するために，その複数の契約書に押す印章を割印といいます。）。

〈図8　登記申請書のつづり方〉　　　　〈図9　契印のしかた〉

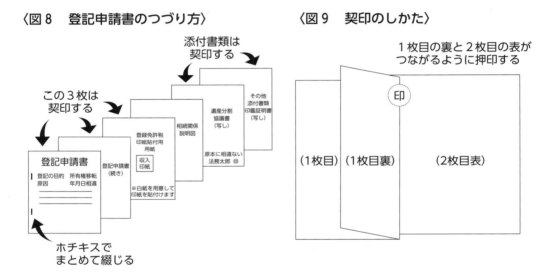

(4) 不動産の記載方法

　以下では，登記申請書の末尾の「不動産の表示」部分の記載方法の例を示します。

ア　土地の表示方法

所　　在	○○市○○町○丁目
地　　番	○○番○○
地　　目	宅地
地　　積	○○．○○㎡

　全部事項証明書を見て，各項目に記載されているとおりに正確に転記します。土地の用途を示す「地目」には，「宅地」のほか，「田」，「畑」，「山林」，「雑種地」等があります。

イ　建物の表示方法

　建物の記載方法は，建物の様式により多少違います。全部事項証明書を見て，全部事項証明書の各項目に記載されているとおりに正確に転記します。代表的な建物の記載方法は，次のとおりです。

㈎　一般的な建物

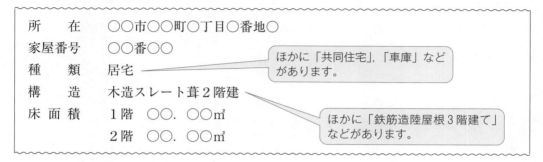

```
所　　在　　○○市○○町○丁目○番地○
家屋番号　　○○番○○
種　　類　　居宅
構　　造　　木造スレート葺2階建
床 面 積　　1階　○○．○○㎡
　　　　　　2階　○○．○○㎡
```

ほかに「共同住宅」，「車庫」などがあります。

ほかに「鉄筋造陸屋根3階建て」などがあります。

㈏　附属建物がある場合

```
所　　在　　○○市○○町○丁目○番地○
家屋番号　　○○番○○
種　　類　　居宅
構　　造　　木造スレート葺2階建
床 面 積　　1階　○○．○○㎡
　　　　　　2階　○○．○○㎡
附属建物の表示
符　　号　　1
種　　類　　物置
構　　造　　木造スレート葺2階建
床 面 積　　○○．○○㎡
```

不動産番号

　不動産には，不動産ごとに記号・番号が付けられており，これによってその不動産を他の不動産と区別することができます。これを不動産番号といいます（不動産の全部事項証明書の右上部分にあります）。

　申請書の不動産の表示の記載方法として，登記事項証明書に記載された「不動産番号」を申請書に記載することにより，不動産に関する詳しい記載（地目，地積，種類，構造，床面積等）を省略することもできますが，実務上は，記載誤りを防ぐため，上記のとおり記載するのが一般的です。

㈱　マンションなどの区分所有建物（敷地権付区分所有建物）

一棟の建物の表示
　　所　　　　在　　　○○市○○町○丁目○番地○
　　建物の名称　　　○○タワー
専有部分の建物の表示
　　家 屋 番 号　　　○○町○丁目○番○の○○
　　建物の名称　　　○○
　　種　　　　類　　　居宅
　　構　　　　造　　　鉄筋コンクリート造1階建
　　床　面　積　　　○階部分　○○．○○㎡
敷地権の表示
　　符　　　　号　　　1
　　所在及び地番　　　○○市○○町○丁目○番地○
　　地　　　　目　　　宅地
　　地　　　　積　　　○○○○．○○㎡
　　敷地権の種類　　　所有権
　　敷地権の割合　　　○○○○分の○○

注　全部事項証明書に，マンション名（「建物の名称」，上記記載例の「○○タワー」）や，「敷地権の
　　表示」の記載がない場合もあります。その場合は，マンション名（「建物の名称」）や「敷地権の表
　　示」は記載しません。

法務局に提出する書類の作成〜相続関係説明図の作成〜

2 (1) 相続関係説明図とは

　　相続登記手続に際しては，添付書類として被相続人の出生から死亡した時までの戸籍関係書類と相続人の戸籍全部事項証明書を提出しなければなりません。

　その際，被相続人とその法定相続人の関係が容易に分かる「相続関係説明図」という書面を作成し，戸籍関係書類の原本類と同時に提出すれば，登記完了時に戸籍関係書類の原本を返却してもらうことができます。原本の返却を求めない場合は，「相続関係説明図」を作成する必要はありません。

　「相続関係説明図」は，いわば家系図のようなものです。被相続人の氏名，最後の本籍，登記簿上の住所，最後の住所，生年月日，死亡年月日，相続人の氏名，続柄，生年月日を記載し，被相続人と法定相続人との関係を分かりやすく図にしたものです。

　細かい様式の決まりはありませんが，「登記申請書」を提出する際に添付するのが一般的です。

　不動産を誰が相続したかを明瞭にするため，不動産を相続する相続人には，「相続人」と記載し，遺産分割協議等において不動産を相続しない相続人には「分割」と記載します。

　その他，相続人が不動産の持分を相続するときは，その相続する持分も記載します。

(2) 相続関係説明図の作成例

〈図10　ケース１〉　相続人が配偶者と子１人で，遺産分割協議で配偶者が不動産を相続することが決まった場合

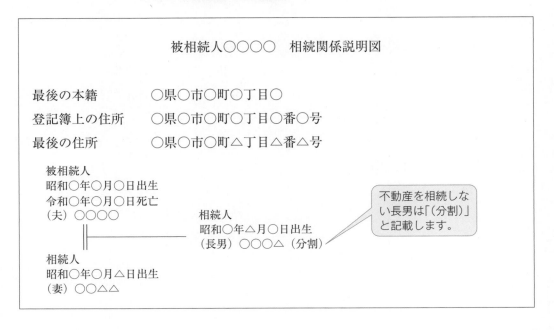

〈図11　ケース2〉　相続人が配偶者と子2人で，遺産分割協議で子2人が不動産を相続することが決まった場合

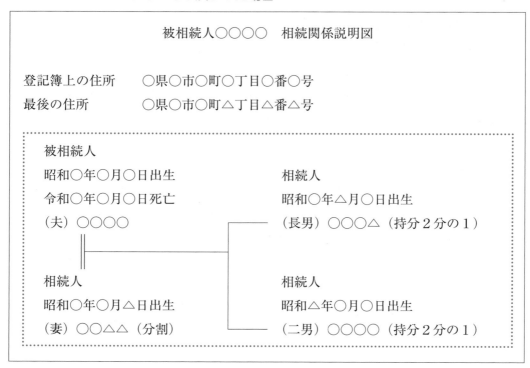

被相続人○○○○　相続関係説明図

登記簿上の住所　○県○市○町○丁目○番○号
最後の住所　　　○県○市○町△丁目△番△号

被相続人
昭和○年○月○日出生
令和○年○月○日死亡
（夫）○○○○

相続人
昭和○年△月○日出生
（長男）○○○△（持分2分の1）

相続人
昭和○年○月△日出生
（妻）○○△△（分割）

相続人
昭和△年○月○日出生
（二男）○○○○（持分2分の1）

注　法定相続分と異なる持分での分割のため，持分も記載しています。
注　以下の記載例では，点線で囲んだ部分のみ記載します。

〈図12　ケース3〉　相続人が配偶者と両親で，法定相続分に従って不動産を相続する場合

相続人
大正○年○月○日出生
（父）○○○○

被相続人
昭和○年○月○日出生
令和○年○月○日死亡
（夫）○○○○

相続人
昭和○年○月○日出生
（母）○○○○

相続人
昭和○年○月○日出生
（妻）○○○○

〈図13 ケース4〉 相続人が配偶者と兄姉で，法定相続分に従って相続する場合

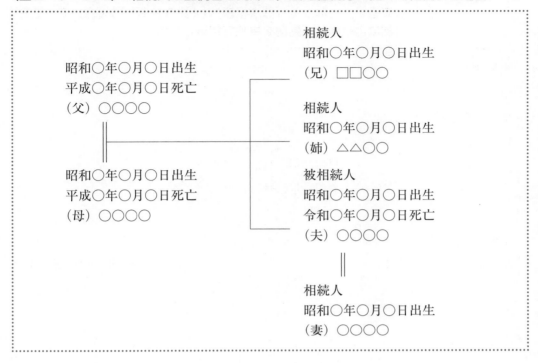

〈図14 ケース5〉 相続人が配偶者と孫（「代襲相続」（3頁を参照）により直接相続人となった場合）で，遺産分割により孫が不動産を単独で相続した場合

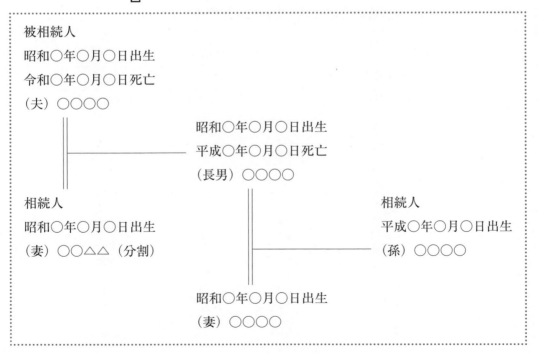

〈図15　ケース６〉　相続人が配偶者と孫（まず子が相続し，その子が死亡して孫が相続
　　　　　　　　　　して相続人となった「数次相続」（４頁を参照）の場合）で，遺産
　　　　　　　　　　分割により孫が不動産を単独で相続した場合

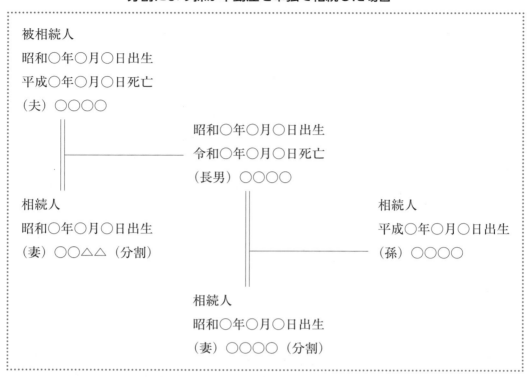

〈図16　ケース７〉　遺言書の内容に従って相続人が相続する場合

被相続人　　　　　　　　　　　　　　相続人
昭和○年○月○日出生　_____　昭和○年△月○日出生
令和○年○月○日死亡　　　　　　　　（長男）○○○△（遺言）
（夫）○○○○

添付書類の提出方法〜原本を返却してもらう手続〜

3 　　前述（33頁）のとおり，相続登記の申請を行う際には，被相続人の出生から死亡までの戸籍関係書類等を提出しなければなりませんが，「相続関係説明図」を作成し，申請書と一緒に提出していれば，登記完了後に戸籍関係書類等の原本を返却してもらうことができます（書類の原本を返却してもらうことを「原本還付」といいます。）。原本が必要な場合には，原本還付の手続をしてください。

　その他の添付書類である遺産分割協議書，印鑑証明書，住民票等も，登記申請後，その原本を返却してもらう方法があります。原本還付の手続をする場合には，必ず登記申請時に手続をしておきましょう。

　戸籍関係書類以外の書面の「原本還付」の具体的な手続は，以下のとおりです。

① 　登記申請の際に提出する遺産分割協議書，印鑑証明書，住民票等の書類のコピーを作成します（原本を複写機でコピーする。）。
② 　コピーの最初の用紙の空いている部分に，「原本に相違ありません。」と記載したうえで，その近くに署名押印（申請書に押印した印鑑と同じものを使用）をします（図17）。
③ 　上記のコピー（「原本に相違ない」旨の記載と署名押印のある１枚目の書面）と残りの添付書類のコピーを，すべて契印します。

〈図17　添付書類の原本還付の具体例〉

原本還付したい書類のコピー（複数ある場合）
書類が複数ある場合には，綴じた上で
１頁を折り返して，次の頁と契印する
（次の頁からも同様に契印します。）。
　なお，原本還付の申出は，登記申請
時（登記申請書及び添付書類等の提出
時）に行うようにしましょう。

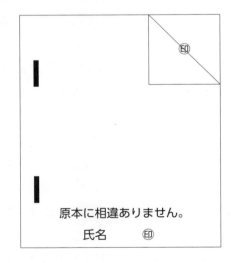

> **登録免許税の計算方法**

4 第1章第2の**5**（19頁）で述べたとおり，登記申請手続には，原則，登録免許税という税金（国税）が課せられます。

登録免許税は，課税価格（固定資産評価額）に，一定の登録免許税率を乗じて算定します。ここでは，登録免許税の計算の基になる「固定資産評価額」，「課税価格」，「登録免許税の計算方法」について解説します。

(1) 固定資産評価額について

登録免許税の計算の基準となる「課税価格」は，各市区町村が固定資産税の課税のために調査決定している「固定資産評価額」のことを指します（登記申請時の年度の評価額を使用します。）。

登録免許税の額を計算するためには，まずは登記申請の対象となる不動産の固定資産評価額がいくらなのかを確認する作業が必要になります。これには，①固定資産課税明細書で確認する方法と，②固定資産評価証明書で確認する方法があります。

　ア　固定資産課税明細書で確認する方法

固定資産評価額は，不動産の所有者に対し，各市区町村から毎年4月から5月上旬にかけて送付される「固定資産課税明細書」で確認することができます（「固定資産納税通知書」と同時に送付されてくる書面です。）。

「固定資産課税明細書」という名称は，各市区町村により若干異なります。

例えば，東京都では「固定資産税・都市計画税　課税明細書」の表記で送付されてきます。

「課税明細書」には様々な数字が記載されていますが，その中に「価格」（または「評価額」）があります。この「価格」（または「評価額」）が登録免許税の計算に使用する「固定資産評価額」となります。その他の「課税標準額」等の数字と混同しないようにしましょう。

また，登記申請の際の登録免許税計算の基になる評価額は，相続時（被相続人の死亡時）の年度のものではなく，登記申請時の年度の評価額となります。固定資産の評価額は，毎年4月1日に最新年度のものに切り替わりますので，申請の日付によっては注意が必要です。

例えば，令和5年4月1日から令和6年3月31日までの期間に登記申請をするのであれば「令和5年度」の評価額を使います。

　イ　固定資産評価証明書で確認する方法

「固定資産課税明細書」が手元にない場合には，各市区町村役場（または都・市税事務所）の窓口で「固定資産評価証明書」を取得して確認することもできます。

固定資産評価証明書は，不動産が所在する市区町村の税務課（東京都の場合は都税事務所）で取得することができます。

　なお，固定資産評価証明書の発行手数料は，市区町村により違いますので，取得する際には各市区町村役場にご確認ください。

⑵　課税価格について

　固定資産評価額が，そのまま登記で使用する課税価格になるのではありません。

　法律の規定（国税通則法，租税特別措置法，地方税法等）により，評価額を修正して課税価格にしたり，評価額が０円の不動産でも，課税価格を算出する必要が生じたりするケースもあります。

ア　不動産の評価額が1,000円以上の場合

　固定資産評価証明書等に記載された不動産の価格が1,000円以上の場合は，不動産の価額のうち1,000円未満を切り捨てた額が，登記申請に使用する課税価格となります。

　なお，一通の申請書で複数の不動産の登記申請をする場合には，各々の不動産の評価額を合算した上で，合算した価額のうち1,000円未満を切り捨てた額が課税価格となります。

イ　評価額が1,000円未満の場合

　不動産の価格（一通の申請書で複数の不動産について登記申請をする場合には，各不動産の評価額を合算した価額）が1,000円に満たない場合，課税価格は1,000円となります。ただし，価格の低い不動産については，期間限定で登録免許税が免税になる場合もあります（43頁）。

ウ　被相続人が不動産の共有持分を有している場合

　被相続人が不動産の共有持分を有していた場合には，評価額に持分を乗じた金額が課税価格となります。

〈具体例〉

不動産の固定資産評価額　1,234,500円
被相続人の共有持分　1/7

$$\underset{\text{固定資産評価額}}{1,234,500\text{円}} \times \underset{\substack{\text{被相続人の}\\\text{共有持分}}}{1/7} = 176,357.142\cdots\text{円}$$

1,000円未満を切り捨て　課税価格　176,000円

エ　固定資産税が非課税の場合

　私道または公衆用道路には，固定資産の評価額が「０円」や「非課税」となっているものがあります。そのような固定資産税が非課税の土地であっても，登記申請時には登録免許税が課税されますので，ご注意ください。

非課税の場合，登記をしようとする私道・公衆用道路に隣接する宅地（近傍宅地といいます。）の1㎡あたりの単価を基準として特別な軽減税率を適用します（私道・公衆用道路という理由以外で固定資産税が非課税になっている土地については，軽減税率が適用されないことがあります。）。

　以下は，その算出方法です。

　（ア）　登記しようとする私道・公衆用道路の近傍宅地1㎡あたりの単価が固定資産評価証明書で判明する場合

　市区町村によっては，対象土地の固定資産評価証明書等に，近傍宅地1㎡あたりの単価の記載がある場合や，申出をすれば，近傍宅地1㎡あたりの単価を付記してくれるところがあります。

　この場合は，記載された近傍宅地1㎡あたりの単価に，登記しようとする私道・公衆用道路の地積を乗じたうえ，さらに30/100（軽減税率）を乗じた金額を課税価格とします。私道・公衆用道路という理由以外で，固定資産税が非課税になっている土地については，この30/100の軽減税率が適用されないことがあります。

　（イ）　対象の私道・公衆用道路の近傍宅地1㎡あたりの単価が不明の場合

　例えば，東京都23区内の固定資産評価証明書には，近傍宅地1㎡あたりの単価の記載はありません。

　このように，固定資産評価証明書を見ても近傍宅地1㎡あたりの単価が不明である場合には，対象の私道・公衆用道路に一番隣接している本地（私道に接する宅地等をいいます）の1㎡あたりの単価を基準とし，その単価に，登記しようとする私道・公衆用道路の地積を乗じたうえ，さらに30/100（軽減税率）を乗じた金額を課税価格とします。私道・公衆用道路という理由以外で，固定資産税が非課税になっている土地については，この30/100の軽減税率が適用されないことがあります。

　もし，本地の評価額が不明な場合や，どの土地を近傍宅地とすればよいかが不明な場合は，法務局に相談してください。

〈具体例　私道を共有していた場合〉

私道　評価額0円・地積20㎡・被相続人の共有持分1/4
近傍宅地1㎡あたりの固定資産評価額　100,000円　の場合

近傍宅地1㎡あたりの固定資産評価額	私道の地積	軽減税率	移転する持分	課税価格
100,000円	× 20㎡	× 30/100	× 1/4	= 150,000円

⑶ 登録免許税の計算方法と登記申請書の記載例

ア 原則

課税価格に，登録免許税率4/1000を乗じた額の100円未満を切り捨てた額が登録免許税となります。

なお，算出した額が1,000円未満の場合は「1,000円」が登録免許税となります。

〈具体例① 被相続人が単独で所有していた土地を相続した場合〉

土地の固定資産評価額　金12,345,600円
課税価格　　　　　　　金12,345,000円（1,000円未満切り捨て）

　　　　　　　　　課税価格　　　　税率
　　　　　　　12,345,000円　×　4/1000　＝　49,380円
　　　　　　登録免許税　金49,300円（100円未満切り捨て）

登記申請書には，以下のとおり記載します。

| 課 税 価 格 | 金12,345,000円 |
| 登録免許税 | 金　49,300円 |

〈具体例② 被相続人が単独で所有していた土地と建物を相続した場合〉

土地の固定資産評価額　金12,345,600円
建物の固定資産評価額　金 5,678,900円
合　　計　　　　　　　金18,024,500円

課税価格　　　　　　　金18,024,000円（1,000円未満切り捨て）

　　　　　　　　　課税価格　　　　税率
　　　　　　　18,024,000円　×　4/1000　＝　72,096円
　　　　　　登録免許税　金72,000円（100円未満切り捨て）

登記申請書には，以下のとおり記載します。

| 課 税 価 格 | 金18,024,000円 |
| 登録免許税 | 金　72,000円 |

〈具体例③　被相続人が単独で所有していたマンション（敷地権付区分所有建物のひと部屋）を相続した場合〉

土地の固定資産評価額（敷地全体の評価額）　　　　金123,456,700円
敷地権の割合（全部事項証明書等に記載があります）　23456／567890
建物の固定資産評価額（ひと部屋の評価額）　　　　金5,678,900円

　　　　　土地の
　　固定資産評価額　　　敷地権の割合　　　土地におけるひと部屋分の評価額
　　金123,456,700円　×　23456／567890　＝　5,099,227円（小数点以下切り捨て）

土地の固定資産評価額（ひと部屋分の評価額）　　金5,099,227円
建物の固定資産評価額（ひと部屋分の評価額）　　金5,678,900円
合　　計　　　　　　　　　　　　　　　　　　　金10,778,127円

課税価格　　　　　　　　　　　　　　　　金10,778,000円（1000円未満切り捨て）

　　　　　　　　課税価格　　　　税率
　　　　　　10,778,000　×　4／1000　＝　43,112円
　　　　　　登録免許税　金43,100円（100円未満切り捨て）

登記申請書記載例は,下記のとおりです。

課 税 価 格	金10,778,000円
登録免許税	金　　43,100円

〈具体例④　被相続人が他の人と共有していた土地の持分を相続した場合〉

土地の固定資産評価額　金12,345,600円
被相続人の持分　　　　　1／2

　　　　　　　　土地の　　　　被相続人の
　　　　　固定資産評価額　　　持分
　　　　　金12,345,600円　×　　1／2　＝　6,172,800円
　　　　課税価格　金6,172,000円（1,000円未満切り捨て）

　　　　　　　課税価格　　　　税率
　　　　　　6,172,000円　×　4／1000　＝　24,688円
　　　　　　登録免許税　金24,600円（100円未満切り捨て）

登記申請書には，以下のとおり記載します。

課税価格　移転した持分の価格	金6,172,000円
登録免許税	金　　24,600円

イ　特例により登録免許税が免税される場合

　租税特別措置法の規定により，土地の相続登記について登録免許税がかからない場合（免税）があります。

㋐　相続により土地を取得した方が，その相続登記をしないで死亡した場合

　個人が相続（相続人に対する遺贈も含みます。）により土地の所有権を取得したにもかかわらず，その登記を申請する前に亡くなってしまった場合，平成30年4月1日から令和7年（2025年）3月31日までの間にその個人を当該土地の所有権の登記名義人とするために申請する登記（相続登記等）については，登録免許税が課されません。

　この場合の登記申請書記載例は，下記のとおりです。

> 登録免許税　租税特別措置法第84条の2の3第1項により非課税

注　登録免許税が課税されない場合は，課税価格は記載しません。

㋑　不動産の価額が100万円以下の土地の場合

　相続による土地の所有権の移転登記の登録免許税につき，不動産の価額が100万円以下の土地であるときは，平成30年11月15日から令和7年（2025年）3月31日までの間に受ける当該土地の相続による所有権の移転の登記（相続登記等）については，登録免許税が課されません。

　この場合の登記申請書記載例は，下記のとおりです。

> 登録免許税　租税特別措置法第84条の2の3第2項により非課税

注　登録免許税が課税されない場合は，課税価格は記載しません。

　なお，上記の登記申請に際し，登録免許税の免税措置の適用を受けるためには，上記記載例のとおり，免税の根拠となる法令の条項を申請書に記載する必要があります。法令の条項の記載がない場合は登録免許税が免税されませんので，ご注意ください。

　上記㋐と㋑の免税措置の詳細は，以下を参照してください。

　国税庁「相続による土地の所有権の移転登記等に対する登録免許税の免税措置について」(https://www.nta.go.jp/publication/pamph/sonota/0018003-081-01.pdf)

　法務局「相続登記の登録免許税の免税措置について」(https://houmu kyoku.moj.go.jp/homu/page7_000017.html)

ウ　墓地の場合

　登記簿上，地目が「墓地」の場合，登録免許税が課税されません。登録免許税が課税されない場合なので，課税価格は記載しません。

　この場合の登記申請書記載例は，下記のとおりです。

> 登録免許税　登録免許税法第5条第10号により非課税

法務局への登記申請～必要書類の提出～

5 (1) 管轄法務局

　登記申請書の提出先は，登記申請書にも記載しますが，<u>不動産の所在する場所を管轄する法務局（管轄法務局といいます。）</u>になります。必ずしも亡くなった方の住所地等の最寄りの法務局ではないので注意しましょう。

　管轄法務局は各法務局のホームページで調べることができます。不明な場合は，最寄りの法務局に問い合わせてください。

　間違った管轄の法務局に登記申請を行うと申請は却下されてしまいますので注意してください。

(2) 提出方法

　登記申請は，「登記申請書類一式」「原本類」「返信用封筒（完了書類を郵送で受け取る場合）」を直接法務局へ持参して申請する方法と，郵送で申請する方法があります。

　郵送で申請する場合には，登記申請書類一式や原本類を入れた封筒に，管轄法務局の宛先のほか，「不動産登記申請書在中」と記載の上，書留郵便（郵便局のレターパックプラス（520円）でも可，宅急便やレターパックライト（370円）は不可。料金は令和5年1月1日現在。）により送付します。

〈図18　登記申請時の書類〉

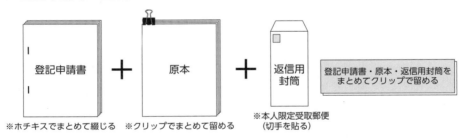

(3) 登記申請書類のつづり方

　登記申請書類のつづり方には厳密な決まりがありませんが，30頁の**図8・9**のように，登記申請書，登録免許税の印紙添付用紙（白紙），相続関係説明図，添付書類のコピーの順番でまとめたものを綴じれば問題ありません。

法務局と登記所

　法務局と登記所は，同意義と思っていただいて結構です。ちなみに法務局は，行政機関の一部の名称であり，登記所は，その行政機関の中で登記事務を扱う機関のことを指す法律上の呼称です。

(4) 収入印紙（登録免許税）の購入，貼付

　登録免許税を印紙で納付する場合（19頁）には，登記申請の前に，登録免許税の納付額相当の収入印紙を購入する必要があります。

　収入印紙は郵便局や法務局内もしくは法務局近くの印紙販売所で購入することができます。

　購入した収入印紙は，登記申請書の末尾に付ける印紙貼付用用紙（白紙）に重ならないように貼ります。

　このとき，絶対に収入印紙に消印をしてはいけません。消印した収入印紙では登録免許税の納付として認められません。

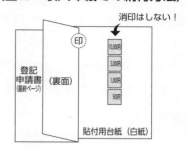

〈図19　収入印紙での納付方法〉

(5) 返信用封筒の提出（郵送での返却の場合）

　登記が完了すると，法務局から発行される書類（登記完了証，登記識別情報通知（図20））及び返却される書類（原本還付書類一式）がありますので，これを受領する必要があります。

　なお，登記識別情報通知は，相続登記の申請の際に，「登記識別情報通知」の発行を希望していることが前提になります。

　これらの書類を受領する方法は，直接法務局で受領する方法のほか，申請時にあらかじめ返信用封筒（A4サイズの書面が入る角形2号封筒がよいでしょう。）を提出していれば，郵送で受領することも可能です。その場合は，返信用封筒にはあらかじめ返信用の切手を貼っておく必要があります（下記コラム「切手に関して」参照）。

　なお，郵送で受領する場合は本人限定受取郵便という方式で送付されます。本人限定受取郵便とは，郵便物に記載された宛名の方に限り，本人確認書類を提示して，郵便物を受け取る郵便方式です。

切手に関して

　切手は，返却が予定されている原本還付書類の量にもよりますが，通常210円（150gまで）または250円（250gまで）が基本料金となり，それに加え一般書留の加算料金435円，本人限定受取の料金210円が必要となります（料金は令和5年1月1日現在）。切手が不足する場合には，法務局から追加で不足分の切手の提出を求められることもあります。

〈返却郵送物が150gと想定した場合（※比較的，原本類が少ない場合）〉

	一般書留の	本人限定受取	
基本料金	加算料金	の加算料金	封筒に貼る切手の合計額
210円　＋	435円　＋	210円　＝	855円

(6) 受付番号の確認

　法務局に登記申請書類を持参して申請する場合には，申請に際して受付番号が発行されます。申請した書類の管理番号になりますので，登記申請した日付とともに控えておきましょう。

　なお，郵送の場合，登記申請書類が法務局に到達後，受付番号が付されることになりますが，特段，法務局からの補正等の連絡がなければ，法務局へ受付番号の確認をする必要はありません。

(7) 登記完了予定日の確認

　登記申請後，登記完了まで数日かかります。そのため，法務局では，登記申請日に対応する一般的な登記完了予定日を公表しています。

　登記完了予定日は，法務局の不動産登記申請窓口で確認できますが，法務省のホームページでも確認することができます。必ず確認しておきましょう。

Column

補正とは

　登記申請後，申請書の記載の誤記や添付情報の一部に不足があったことが判明した場合には，登記官は申請人に電話で連絡して不備を直すように指示することができます。この登記官の指示に従い，申請書の記載を訂正し，または不足の添付書類の補完をすることを補正といいます。この補正の指示に従わないと，登記は完了しません。法務局（登記所）から補正の連絡があったら直ちに対応しましょう。

登記完了書類の受領

6　(1) 登記完了時に受領する書面

　登記が完了すると，法務局から登記識別情報が通知され，登記完了証が交付されるとともに，原本還付の手続をした場合には申請時に提出した原本書類（戸籍関係書類，遺産分割協議書，印鑑証明書等）が還付されます。

〈法務局から受け取る書類〉

---

①　登記識別情報通知

②　登記完了証

③　原本書類（戸籍関係書類，遺産分割協議書，印鑑証明書等）

---

(2)　登記識別情報通知

　相続登記完了後に発行される「登記識別情報通知」とは，登記完了後に登記の名義人となる申請人に対して法務局から交付される書類です。

　以前は「登記済証」（一般的には「権利証」と呼ばれる書類）が交付されていましたが，平成17年の不動産登記法改正後，それに代わる書面として「登記識別情報通知」が交付されるようになりました。

　この「登記識別情報通知」は，不動産ごと，かつ，登記名義人ごとに交付されます。したがって，登記完了後に複数枚交付されることがあります。例えば土地一筆・建物一棟を二名で相続する内容の登記が完了した場合は，各不動産について二名分，計四枚の登記識別情報通知書が交付されます。

　登記識別情報通知書には，「登記識別情報」という非常に重要な情報が記載されており，その情報を容易に見られないようにするため，記載のある部分にシールを貼って隠された状態で交付されます。

　登記識別情報は，アラビア数字その他の符号の組合せからなる12桁の符号ですが，この番号こそが重要な情報（昔の「権利証」に相当する情報）であり，登記識別情報通知書という用紙そのものはあまり重要ではありません。登記識別情報（12桁の符号）を書き写されたり，情報がさらされた状態の用紙をコピーされたりすることは，権利証の盗難に遭ったことと実質的に変わりません。したがって，登記識別情報の記載された部分については，シールを剥がさず（受領時のまま）に保管しておくとよいでしょう。

　また，紛失や盗難に遭った場合でも，登記識別情報通知書は再発行されませんので，保管には十分注意してください。

〈図20　登記識別情報通知〉

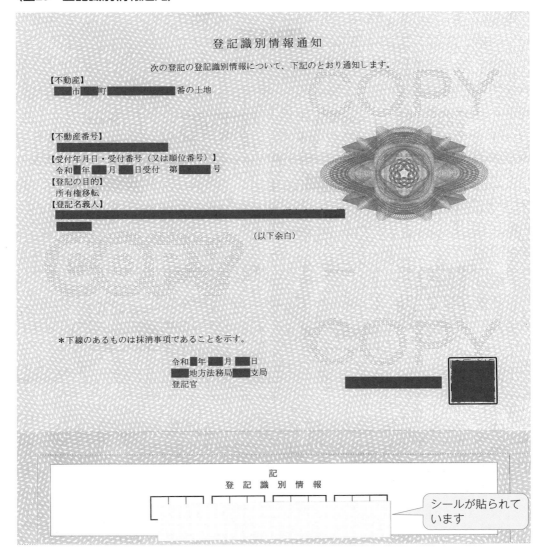

(3) **登記完了証**

　登記が完了すると，法務局から申請人に「登記完了証」が交付されます。

　登記識別情報通知書と違い，申請人が二人以上いる場合でもそのうちの一人に対して一枚のみ交付されます。

　また，登記識別情報通知書と違い，後の新たな登記に使用されるものではないので，登記識別情報通知書ほど重要な書類ではありませんが，登記識別情報通知書と一緒に保管しておくとよいでしょう。

(4) 登記完了後の書類の受領

ア　法務局で直接受領する場合

登記申請の際に確認した登記完了予定日が過ぎたら，法務局（登記所）から補正（登記申請書の記載ミス，添付書類の不足等。46頁のコラム「補正とは」参照。）の連絡がない限り，登記は完了しています。

登記完了後は，すみやかに登記完了後の書類を受領しに行きましょう（長期間，受領しないと完了後の書類が破棄されてしまいます。）。

受領の際には，登記を申請した日，受付番号及び登記を申請した不動産についての情報のほか，①登記申請書に押した印鑑，②本人確認書類として運転免許証，マイナンバーカードなどの身分証明書を持参してください。

イ　郵送で受領する場合

登記申請の際に，本人限定受取での返信用封筒（切手貼付）を提出している場合には，登記完了後，郵送にて受け取ることができます。

(5) 登記完了後の全部事項証明書等の取得

登記完了書類（登記識別情報通知，登記完了証）の受領をもって，相続登記手続は完了しますが，登記申請した事項が誤字や脱字等がなく正確に登記簿に反映されたかを確認するために，登記完了後に全部事項証明書等を取得しておくとよいでしょう（取得には一通あたり約600円の手数料が必要です。）。

登記記録上の住所が古い場合
～登記事項証明書に記載された被相続人の住所と最後の住所が異なる場合の対応～

7　引越しなどの理由により，被相続人が生前に不動産を取得した時の住所と，亡くなった時の住所が違うことがあります。その間に住所を何度も変更しているケースもあるでしょう。

被相続人が住所の異動の際に不動産登記の住所を変更していないと，不動産の登記に記録された被相続人の住所と，亡くなった時の被相続人の実際の住所が異なることになります。その場合には，原則として，被相続人の登記上の住所から最後の住所までの変遷を，公的書類でつなげたうえで，その公的書類を登記申請書に添付する必要があります。

具体的には，次のように対応します。

① 被相続人の住民票の除票（本籍地の記載があるもの）に，登記に記録された被相続人の住所が「前住所」として載っているとき
⇒ 住所の変遷が分かるので，住民票の除票を提出すればそれ以上の対応は必要ない。
② 住民票の除票ではつながりが判断できないが，被相続人の除籍の附票（本籍地の記載があるもの）を取得したところ，登記に記録された被相続人の住所から被相続人が死亡した時の住所までの変遷を全て確認することができたとき
⇒ 添付書類として，被相続人の住民票の除票の代わりに除籍の附票を提出する。

　しかしながら，保管期間の関係上，住民票の除票や除籍の附票が取得できないことがあります。廃棄のタイミングについては市区町村によってまちまちであるため，相続登記の手続を行うために書類を集めている時点で，相続開始からおおよそ5年を経過している場合には，被相続人の住民票の除票や除籍の附票が取得できるかどうか，市区町村にあらかじめ問い合わせてみるとよいでしょう。

　問い合わせた結果，それらの書類が取得できず，公的書類によって被相続人の登記上の住所と最後の住所をつなげることができなかったときは，代わりの書類（代替書類）を法務局に提出する必要があります。

　この代替書類としてどのようなものが必要かは，事前に登記を申請する管轄法務局に事情を説明して確認してください。難しい場合は，司法書士又は弁護士に相談してください。

第2 登記申請書の作成

　法務局で取得した登記事項証明書（全部事項証明書）をみて，次のどのパターンに当たるのかを確認し，それぞれの記載例，注意事項を読みながら登記申請書を作成してみましょう。

1　登記事項証明書の「権利部（甲区）」欄に，現在の所有者として被相続人のみが記載されている場合

〈図1　土地の全部事項証明書例〉(15頁)，〈図2　建物の全部事項証明書例①〉(16頁)

⇒登記申請書の作成例①　相続不動産が単独所有の場合　(52頁)

2　登記事項証明書の「権利部（甲区）」欄に，現在の所有者として被相続人の氏名と持分（本記載例では2分の1）が記載されている場合

〈図1　土地の全部事項証明書例〉(15頁)，〈図2　建物の全部事項証明書例①〉(16頁)

⇒登記申請書の作成例②　被相続人が相続不動産の持分を有していた場合　(56頁)

3　「表題部」欄があり，「所有者」として被相続人の氏名が記載されているものの，その下に「権利部（甲区）」欄の記載がない場合（所有権の登記がされていない不動産について初めて所有権の登記を申請する場合）

〈図3　建物の全部事項証明書例②〉(17頁)

⇒登記申請書の作成例③　相続した不動産に所有権の登記がない場合　(60頁)

1 　登記事項証明書の「権利部（甲区）」欄に，現在の所有者として被相続人のみが記載されている場合（〈**図1** 　土地の全部事項証明書例〉（15頁），〈**図2** 　建物の全部事項証明書例①〉（16頁））の登記申請書の記載例は次のとおりです。

　黒字で記載された部分は，そのまま記入・作成してください。

　青字で記載された部分は，個々のケースにより変わってきますので後述の注意書きを読みながら記入・作成してください。

※法務局で受付シールを貼りますので，申請書の上部を少し空けておくとよいでしょう。

登 記 申 請 書

登記の目的　　所有権移転　**注1**

原　　　因　　令和〇年〇月〇日相続　**注2**

相　続　人　　（被相続人　法　務　花　子）　**注3**

　　　　　　　〇〇県〇〇市〇〇町〇丁目〇〇番〇〇号　⎫
　　　　　　　法　務　太　郎　印　　　　　　　　　　⎬　**注4**

　　　　　　　連絡先電話番号〇〇－〇〇〇〇－〇〇〇〇　**注5**

添　付　情　報　　登記原因証明情報　　住所証明情報　**注6**

　　送付の方法により登記完了証の交付を希望します。　⎫
　　送付の方法により登記識別情報通知書の交付を希望します。　⎬　**注7**
　　送付の方法により原本還付書類の受領を希望します。
　　送付先の区分　申請人の住所

令和〇年〇月〇日　**注8**

〇〇法務局御中　**注9**

> ほかに「〇〇地方法務局〇〇支局」または「〇〇地方法務局〇〇出張所」など

注1 「登記の目的」は，権利変動の主旨を簡潔に示す記載になります。一筆の不動産の全部の所有権を承継した場合には，記載例のとおり「所有権移転」と記載することになります。

注2 「原因」は，「令和○年○月○日相続」と被相続人が亡くなった年月日を記入します。戸籍の死亡欄を見ながら正確な日付を記入しましょう。

登記事項証明書に記録された被相続人の住所が，最後の住所と異なる場合には別の対応が必要になります。詳しくは**49**頁を参照してください。

注3 「相続人」の冒頭には，被相続人の財産を承継したことを明らかにするために，かっこ書きで，被相続人の氏名を記入します。

登記事項証明書に記録された字体どおりに記入してください。

注4 「相続人」には，「不動産の表示」に記入する不動産を相続した相続人の住所，氏名を記入し，氏名の横に押印します。朱肉を使うものであれば，実印でなくても構いません。

住所は，住民票のとおり正確に記入します。

住所の区域の一つである「○丁目」「○丁」については，漢数字で記録する取扱いがされていますので，「一丁目」，「三丁目」というように漢数字で記入しておくことを推奨します。「○○町1−1−1」など簡略化できませんので，住民票に記載のあるとおり，「○○町一丁目1番1号」と正確に記載します。

相続人が二名以上になるとき（共有になるとき）は，「相続人」の部分を，下のように各相続人の持分も含めて記入します。

遺産分割協議を行った場合は，話し合って決めた持分を記載します。

```
相続人　　（被相続人　法 務 花 子）
　　　　　○○県○○市○町○丁目○番○号
　　　　　持分3分の2　法 務 太 郎　　印
　　　　　　連絡先電話番号　○○−○○○○−○○○○
　　　　　○○県○○市○町○丁目○番○号
　　　　　持分3分の1　法 務 次 郎　　印
　　　　　　連絡先電話番号　○○○−○○○○−○○○○
```

注5 相続人（登記の申請人）の連絡先の電話番号を記載します。これは登記申請書の記載内容等に補正（**46**頁）すべき点がある場合に，法務局の担当者が連絡するためです。平日の日中に連絡を受けることができる番号で，携帯電話の電話番号を記載することでも差し支えありません。

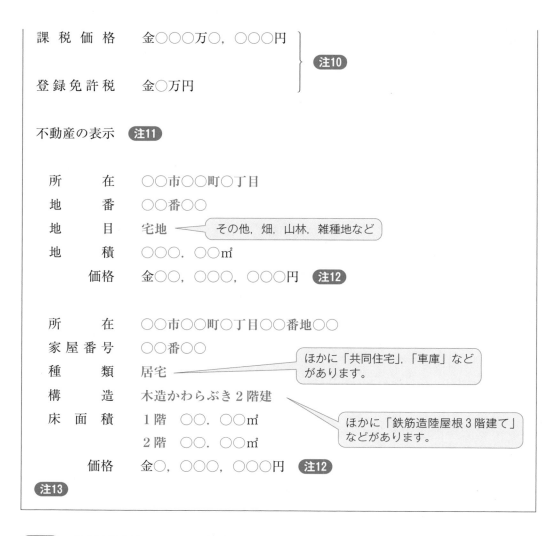

課 税 価 格　　金○○○万○，○○○円 ┐
　　　　　　　　　　　　　　　　　　　│ 注10
登 録 免 許 税　　金○万円 ┘

不動産の表示　注11

　所　　　在　　○○市○○町○丁目
　地　　　番　　○○番○○
　地　　　目　　宅地 ← その他，畑，山林，雑種地など
　地　　　積　　○○○．○○㎡
　　　価　　格　　金○○，○○○，○○○円　注12

　所　　　在　　○○市○○町○丁目○○番地○○
　家 屋 番 号　　○○番○○
　種　　　類　　居宅 ← ほかに「共同住宅」，「車庫」などがあります。
　構　　　造　　木造かわらぶき２階建
　床　面　積　　１階　○○．○○㎡
　　　　　　　　２階　○○．○○㎡ ← ほかに「鉄筋造陸屋根３階建て」などがあります。
　　　価　　格　　金○，○○○，○○○円　注12
注13

注6　「添付情報」には，登記申請書とともに添付して法務局に提出しなければならない書類の標目を記載します。登記申請書には，記載例のとおり記入すれば十分です。

注7　登記完了後の「登記識別情報通知」等を郵送で受け取りたい場合（49頁）の表記方法です。法務局で受け取るときは，表記は不要です。

注8　日付は実際の「申請日」を記入してください。法務局に直接持参して申請する場合は，提出する直前に申請する日を書き入れるとよいでしょう。

注9　登記申請書と添付書類を提出する管轄法務局を記入します。不動産の所在によって管轄が決められており，必ず決められた管轄の法務局に提出する必要があります。「○○地方法務局○○支局」あるいは「○○地方法務局○○出張所」などの場合があります。管轄の法務局については，法務局（支局・出張所）に問い

合わせるか，法務局のホームページに「管轄のご案内」というページがありますので参照してください。

注10 「課税価格」，「登録免許税」の計算方法は，38頁を参照してください。

　登録免許税が免税される場合には，登録免許税額の記載に代えて免税の根拠となる法令の条項を記入します。

　また，登録免許税を収入印紙で納付する場合には，収入印紙（絶対に消印をしないでください。）を貼り付けた用紙（登記申請書と同様のサイズの白紙で構いません。）を，登記申請書と一括してつづります（45頁の図19参照）。

注11 「不動産の表示」には登記の申請をする不動産を，登記事項証明書に記載されているとおりに記入してください。特に，所在，地番や家屋番号などは不動産を特定する重要な情報です。誤りがないように正確に記入してください。

　「不動産の表示」の記載方法について詳しくは30頁を参照してください。

注12 法務局の手続がスムーズに進むように不動産が複数ある場合には，不動産ごとにその価格を記載しておくことが一般的です。価格とは「納税通知書」や「課税明細書」，「評価証明書」の「価格」欄に記載された各不動産の評価額のことです。

注13 登記申請書が複数枚にわたる場合は，申請人は，「相続人」欄に押印した印鑑で，各用紙のつづり目に必ず契印をしてください（30頁の図9参照。）。申請人が二人以上いる場合は，そのうちの一人が契印をすることで差し支えありません。

〈登記申請書に添付が必要な書面〉

添付書類の種類	具体的な書面
登記原因証明情報	被相続人の出生から死亡した時までの戸籍（除籍）全部事項証明書，改製原戸籍謄本，除籍謄本
	被相続人の住民票の除票（または戸籍の除附票）
	全相続人の戸籍全部（一部）事項証明書
	遺産分割協議書，相続人全員の印鑑登録証明書
住所証明情報	所有権登記名義人となる相続人の住民票（または戸籍の附票）
課税価格を証明する書類	固定資産課税明細書または固定資産評価証明書

2　登記事項証明書の「権利部（甲区）」欄に，現在の所有者として被相続人の氏名と持分の記録（本記載例では2分の1）が記載されている場合（〈図1　土地の全部事項証明書例〉（15頁），〈図2　建物の全部事項証明書例①〉（16頁））の登記申請書の記載例は次のとおりです。

　黒字で記載された部分は，そのまま記入・作成してください。

　青字で記載された部分は，個々のケースにより変わってきますので後述の注意書きを読みながら記入・作成してください。

※法務局で受付シールを貼りますので，申請書の上部を少し空けておくとよいでしょう。

登 記 申 請 書

登記の目的　　　法務花子持分全部移転　　**注1**

原　　　因　　　令和○年○月○日相続　　**注2**

相　続　人　　　（被相続人　法　務　花　子）　　**注3**
　　　　　　　　○○県○○市○○町○丁目○○番○○号 ⎫
　　　　　　　　　　　　　　　　　　　　　　　　　⎬　**注4**
　　　　　　　　持分2分の1　法　務　太　郎　印 ⎭
　　　　　　　　連絡先電話番号○○−○○○○−○○○○　　**注5**

添　付　情　報　　　登記原因証明情報　　　住所証明情報　　**注6**

　　送付の方法により登記完了証の交付を希望します。 ⎫
　　送付の方法により登記識別情報通知書の交付を希望します。⎪
　　　　　　　　　　　　　　　　　　　　　　　　　　　　⎬　**注7**
　　送付の方法により原本還付書類の受領を希望します。　　⎪
　　送付先の区分　申請人の住所 ⎭

令和○年○月○日　　**注8**

○○法務局御中　　**注9**

ほかに「○○地方法務局○○支局」または「○○地方法務局○○出張所」など

注1 「登記の目的」は,「持分全部移転」の前に被相続人の氏名である「法務花子」を記載します。

注2 「原因」は,「令和○年○月○日」と被相続人が亡くなった年月日を記入します。戸籍の死亡欄を見ながら正確な日付を記入しましょう。

　　登記事項証明書に記録された被相続人の住所が,最後の住所と異なる場合には別の対応が必要になります。詳しくは**49頁**を参照してください。

注3 「相続人」の冒頭には,被相続人の財産を承継したことを明らかにするために,かっこ書きで,被相続人の氏名を記入します。

　　登記事項証明書に記録された字体どおりに記入してください。

注4 「相続人」には,「不動産の表示」に記入する不動産を相続した相続人の住所,氏名を記入し,氏名の横に押印します。朱肉を使うものであれば,実印でなくても構いません。

　　住所は,住民票のとおり正確に記入します。

　　住所の区域の一つである「○丁目」「○丁」については,漢数字で記録する取扱いがされていますので,「一丁目」,「三丁目」というように漢数字で記入しておくことを推奨します。「○○町1-1-1」など簡略化できませんので,住民票に記載のあるとおり,「○○町一丁目1番1号」と正確に記載します。

　　相続人が二名以上になるとき(共有になるとき)は,「相続人」の部分を,下のように記入します。

　　遺産分割協議を行った場合は,話し合って決めた持分を記載します。

```
相続人　　（被相続人　法　務　花　子）
　　　　　○○県○○市○町○丁目○番○号
　　　　　持分4分の1　法　務　太　郎　　印
　　　　　　連絡先電話番号　　○○-○○○○-○○○○
　　　　　○○県○○市○町○丁目○番○号
　　　　　持分4分の1　法　務　次　郎　　印
　　　　　　連絡先電話番号　　○○○-○○○○-○○○○
```

注5 相続人(登記の申請人)の連絡先の電話番号を記載します。これは登記申請書の記載内容等に補正(**46頁**)すべき点がある場合に,法務局の担当者が連絡するためです。平日の日中に連絡を受けることができる番号で,携帯電話の電話番号を記載することでも差し支えありません。

課 税 価 格　　移転した持分の価格

　　　　　　　　金○○○万○，○○○○円　　注10

登 録 免 許 税　　金○万円

不動産の表示　注11

　　所　　　在　　○○市○○町○丁目
　　地　　　番　　○○番○○
　　地　　　目　　宅地 ── その他，畑，山林，雑種地など
　　地　　　積　　○○○．○○㎡
　　　　価　格　　金○○，○○○，○○○円　注12

　　所　　　在　　○○市○○町○丁目○○番地○○
　　家 屋 番 号　　○○番○○
　　種　　　類　　居宅 ── ほかに「共同住宅」，「車庫」など
　　　　　　　　　　　　があります。
　　構　　　造　　木造かわらぶき２階建
　　床　面　積　　１階　○○．○○㎡
　　　　　　　　　　ほかに「鉄筋造陸屋根３階建て」
　　　　　　　　　　などがあります。
　　　　　　　　　２階　○○．○○㎡
　　　　価　格　　金○，○○○，○○○円　注12
注13

注6　「添付情報」は，登記申請書とともに添付して法務局に提出しなければならない書類の標目を記載します。登記申請書には，記載例のとおり記入すれば十分です。

注7　登記完了後の「登記識別情報通知」等を郵送で受け取りたい場合（49頁）の表記方法です。法務局で受け取るときは，表記は不要です。

注8　日付は実際の「申請日」を記入してください。法務局に直接持参して申請する場合は，提出する直前に申請する日を書き入れるとよいでしょう。

注9　登記申請書と添付書類を提出する管轄法務局を記入します。不動産の所在によって管轄が決められており，必ず決められた管轄の法務局に提出する必要があ

ります。「〇〇地方法務局〇〇支局」あるいは「〇〇地方法務局〇〇出張所」などの場合があります。管轄の法務局については，法務局（支局・出張所）に問い合わせるか，法務局のホームページに「管轄のご案内」というページがありますので参照してください。

注10 「課税価格」,「登録免許税」の計算方法は，38頁を参照してください。
　　　登録免許税を収入印紙で納付する場合には，収入印紙（絶対に消印をしないでください。）を貼り付けた用紙（登記申請書と同様のサイズの白紙で構いません。）を，登記申請書と一括してつづります（45頁の**図19**参照）。

注11 「不動産の表示」には登記の申請をする不動産を，登記事項証明書に記載されているとおりに記入してください。特に，所在，地番や家屋番号などは不動産を特定する重要な情報です。誤りがないように正確に記入してください。
　　　「不動産の表示」の記載方法について詳しくは30頁を参照してください。

注12 法務局の手続がスムーズに進むように不動産が複数ある場合には，不動産ごとにその価格を記載しておくことが一般的です。価格とは「納税通知書」や「課税明細書」,「評価証明書」の「価格」欄に記載された各不動産の評価額のことです。

注13 登記申請書が複数枚にわたる場合は，申請人は,「相続人」欄に押印した印鑑で，各用紙のつづり目に必ず契印をしてください（30頁の**図９**参照）。申請人が二人以上いる場合は，そのうちの一人が契印をすることで差し支えありません。

〈登記申請書に添付が必要な書面〉

添付書類の種類	具体的な書面
登記原因証明情報	被相続人の出生から死亡した時までの戸籍（除籍）全部事項証明書，改製原戸籍謄本，除籍謄本
	被相続人の住民票の除票（または戸籍の除附票）
	全相続人の戸籍全部（一部）事項証明書
	遺産分割協議書，相続人全員の印鑑登録証明書
住所証明情報	所有権登記名義人となる相続人の住民票（または戸籍の附票）
課税価格を証明する書類	固定資産課税明細書または固定資産評価証明書

3　登記の「表題部」欄があり，「所有者」として被相続人の氏名が記載されているものの，その下に「権利部（甲区）」欄の記載がない不動産（〈**図3**　建物の全部事項証明書例②〉（17頁））の場合には，所有権の登記を申請しなければなりません。その場合の登記申請書の例は，次のとおりです。

黒字で記載された部分は，そのまま記入・作成してください。

青字で記載された部分は，個々のケースにより変わってきますので後述の注意書きを読みながら記入・作成してください。

※法務局で受付シールを貼りますので，申請書の上部を少し空けておくとよいでしょう。

登 記 申 請 書

登記の目的　　所有権保存　**注1**

所　有　者　　（被相続人　法　務　一　　郎）　**注2**
　　　　　　　　○○県○○市○○町○丁目○○番○○号
　　　　　　　　　　　法　務　太　郎　　　印　　　　**注3**
　　　　　　　　連絡先電話番号○○−○○○○−○○○○　**注4**

添　付　情　報　　住所証明情報　　　相続証明情報　**注5**

　　送付の方法により登記完了証の交付を希望します。
　　送付の方法により登記識別情報通知書の交付を希望します。　**注6**
　　送付の方法により原本還付書類の受領を希望します。
　　送付先の区分　申請人の住所

　令和○年○月○日　**注7**　　　法第74条第1項第1号申請

> この登記申請をすることのできる人である旨の定型的な申請条項（不動産登記令別表第28項）ですので，そのまま記載してください。

注1 「登記の目的」は，「所有権保存」と記載します。

注2 「所有者」の冒頭には，被相続人の財産を承継したことを明らかにするために，かっこ書きで，被相続人の氏名を記入します。

　　　登記事項証明書に記録された字体どおりに記入してください。

注3 「所有者」には，「不動産の表示」に記入する不動産を相続した相続人の住所，氏名を記入し，氏名の横に押印します。朱肉を使うものであれば，実印でなくても構いません。

　　　住所は，住民票のとおり正確に記入します。

　　　住所の区域の一つである「○丁目」「○丁」については，漢数字で記録する取扱いがされていますので，「一丁目」，「三丁目」というように漢数字で記入しておくことを推奨します。「○○町1−1−1」など簡略化できませんので，住民票に記載のあるとおり，「○○町一丁目1番1号」と正確に記載します。

注4 相続人（登記の申請人）の連絡先の電話番号を記載します。これは登記申請書の記載内容等に補正（**46**頁）すべき点がある場合に，法務局の担当者が連絡するためです。平日の日中に連絡を受けることができる番号で，携帯電話の電話番号を記載することでも差し支えありません。

注5 「添付情報」は，登記申請書とともに添付して法務局に提出しなければならない書類の標目を記載します。登記申請書には，記載例のとおり記入すれば十分です。

注6 登記完了後の「登記識別情報通知」等を郵送で受け取りたい場合（**49**頁）の表記方法です。法務局で受け取るときは，表記は不要です。

注7 日付は実際の「申請日」を記入してください。法務局に直接持参して申請する場合は，提出する直前に申請する日を書き入れるとよいでしょう。

○○法務局御中　注8　　　ほかに「○○地方法務局○○
　　　　　　　　　　　　　　支局」または「○○地方法務
　　　　　　　　　　　　　　局○○出張所」など

課　税　価　格　　金○，○○○万○，○○○円
　　　　　　　　　　　　　　　　　　　　注9
登 録 免 許 税　　金○万円（租税特別措置法第72条の２）

不動産の表示　注10

　所　　　　在　　○○市○○町○丁目○○番地○○
　家 屋 番 号　　○○番○○
　種　　　　類　　居宅　　　　ほかに「共同住宅」，「車庫」など
　　　　　　　　　　　　　　　があります。
　構　　　　造　　木造かわらぶき２階建
　床　面　積　　１階　○○．○○㎡　　ほかに「鉄筋造陸屋根３階建て」
　　　　　　　　　　　　　　　　　　　などがあります。
　　　　　　　　　２階　○○．○○㎡
注11

注8　登記申請書と添付書類を提出する管轄法務局を記入します。不動産の所在によって管轄が決められており，必ず決められた管轄の法務局に提出する必要があります。「○○地方法務局○○支局」あるいは「○○地方法務局○○出張所」などの場合があります。管轄の法務局については，法務局（支局・出張所）に問い合わせるか，法務局のホームページに「管轄のご案内」というページがありますので参照してください。

注9　「課税価格」，「登録免許税」の計算方法は，38頁を参照してください。
　　登録免許税を収入印紙で納付する場合には，収入印紙（絶対に消印をしないでください。）を貼り付けた用紙（登記申請書と同様のサイズの白紙で構いません。）を，登記申請書と一括してつづります（45頁の**図19**参照）。

注10　「不動産の表示」には登記の申請をする不動産を，登記事項証明書に記載されているとおりに記入してください。特に，所在，地番や家屋番号などは不動産を特定する重要な情報です。誤りがないように正確に記入してください。
　　「不動産の表示」の記載方法について詳しくは30頁を参照してください。

注11　登記申請書が複数枚にわたる場合は，申請人は，「所有者」欄に押印した印鑑で，各用紙のつづり目に必ず契印をしてください（30頁の**図9**参照）。申請人が二人以上いる場合は，そのうちの一人が契印をすることで差し支えありません。

〈登記申請書に添付が必要な書面〉

添付書類の種類	具体的な書面
相続証明情報	被相続人の出生から死亡した時までの戸籍（除籍）全部事項証明書，改製原戸籍謄本，除籍謄本
	被相続人の住民票の除票（または戸籍の除附票）
	全相続人の戸籍全部（一部）事項証明書
	遺産分割協議書，相続人全員の印鑑登録証明書
住所証明情報	所有権登記名義人となる相続人の住民票（または戸籍の附票）
課税価格を証明する書類	固定資産課税明細書または固定資産評価証明書

第3章 遺言がある場合の相続登記手続

第1 遺言書の種類と記載内容を確認しよう～公正証書遺言と自筆証書遺言～

公正証書遺言と自筆証書遺言

1 はじめに代表的な遺言の方式である，公正証書遺言と自筆証書遺言について説明します。

公正証書遺言は，公証役場で公証人と証人二名の立会いのもとで作成される方式の遺言書です。この方式による場合，相続開始後に「検認」と呼ばれる家庭裁判所での手続は必要なく，遺言公正証書の正本または謄本を使って，登記手続を行うことができます。

自筆証書遺言は，遺言者が全文を自筆で書いた上で，作成年月日を書き，これに署名，押印する必要があります。ただし，平成31年1月13日以降に作成された自筆証書遺言については，不動産をはじめとした遺産の目録部分については，署名と押印があれば自筆でなくてもよくなりました。

自筆証書遺言の場合は，相続開始後，家庭裁判所での「検認」手続を行った後に登記手続を行うことになります（検認手続については，9頁を参照してください。）。

遺言書がある場合には，最初に遺言書の内容を確認して，「遺言執行者」が定められているかどうかを確認しましょう。

遺言執行者は，相続人に代わって，遺言の内容を実現するための手続を行う者です。相続登記もその一つです。遺言執行者がいる場合には，相続登記は遺言執行者が単独で行うことができます。

以下では遺言執行者の記載がない場合について解説します。

遺言の文言の確認～「相続させる」と「遺贈する」の区別～

2 遺言といっても，その記載された内容によって，大きく二つの種類に分かれます。

具体的には，遺言書で，遺産である特定の不動産を相続人の誰かに「相続させる」と記載されている場合と，「遺贈する」と記載されている場合です。「相続させる」と記載された遺言は，特定財産承継遺言といいます。

どちらの記載かによって，登記申請書の記載方法などが異なってきます。

〈遺言の文言による登記手続の違い〉

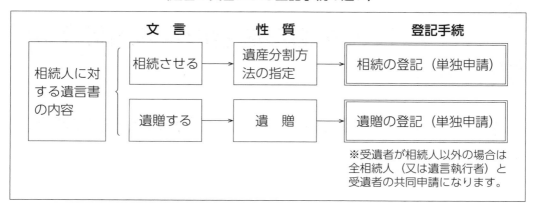

〈「相続させる」と記載された遺言（特定財産承継遺言）の例〉

> # 遺　言　書
>
> 　遺言者法務太郎は，次のとおり遺言する。
>
> 　第○条　遺言者は，遺言者の有する下記の土地を，長男法務一郎に相続させる。
> 記
>
> | 所 | 在 | 中央区中央一丁目 |
> |---|---|---|
> | 地 | 番 | ○番○ |
> | 地 | 目 | 宅地 |
> | 地 | 積 | ５００㎡ |

〈「遺贈する」と記載された遺言の例〉

> # 遺　言　書
>
> 　遺言者法務太郎は，次のとおり遺言する。
>
> 　第○条　遺言者は，遺言者の有する下記の土地を，長男法務一郎に遺贈する。
> 記
>
> | 所 | 在 | 中央区中央一丁目 |
> |---|---|---|
> | 地 | 番 | ○番○ |
> | 地 | 目 | 宅地 |
> | 地 | 積 | ５００㎡ |

なお，遺言書で「全ての遺産を相続させる」などと記載されている場合には，被相続人の遺産中の全ての不動産が遺言によって指定された者に相続されることになります。

「遺贈する」「譲渡する」と記載された遺言書

　遺言書のなかには，稀に，不動産を「遺贈する」，「譲渡する」と記載されていることがあります。この場合には，相続登記手続が通常の場合と大きく異なりますので，司法書士などの専門家に相談し，遺言書や資料を見てもらう方がよいでしょう。

遺言書に「相続させる」と記載されている場合

3　遺言書に，「相続人Aに甲土地を相続させる」と記載されていることがあります。
　このような遺言は，「特定の遺産」を「特定の相続人」に対して「相続」をさせるための遺言として，民法上「特定財産承継遺言」（1014条2項）と呼ばれています。

　例えば，A，B二人の相続人がいる場合に，「遺産のうちの甲土地はAに相続をさせる」という記載のある遺言は，「甲土地をAに取得させる」ことを被相続人が指定することを意味します。

　この場合には，被相続人が亡くなると，指定された遺産（甲土地）の所有権は，遺産分割の手続を経ることなく，直ちに，指定された特定の相続人（A）に移転することになります。特定財産承継遺言がある場合には，登記の手続は「相続」登記によることになり，所有権を取得した相続人が単独で所有権移転登記（相続登記）の申請をすることができます。

　なお，特定財産承継遺言で遺産である不動産を取得した場合には，登記を完了してお

〈相続させる旨の遺言の考え方〉

```
┌─────────────────────┐
│  遺言書              │ ──→ 遺産分割方法の指定
│                     │
│  Aに甲土地を相続させる │
└─────────────────────┘

        亡X
        ↓
        相
        続    ──→ 甲土地の所有権は，「相続」
        ↓          により直ちにAへ移転。
   相続人  A        B
```

かないと，法定相続分を超える部分の権利を第三者に主張できなくなってしまいます（これを法律上「対抗することができない」といいます。民法899条の2第1項）。

　例えば，上記の例でいいますと，Bが先に甲土地について法定相続分である2分の1についてB名義の相続登記をして，それを第三者Cに売却した場合には，Aは，自分の法定相続分2分の1を超える持分については，Cに権利を主張できなくなってしまいます。特定財産承継遺言に従って不動産を取得した場合には，速やかに登記手続を行うことが肝要です。

第三者に「相続させる」と記載された遺言書

　遺言書に，相続人でない第三者に遺産である不動産を「相続させる」と記載されている場合もあります。この場合には，第三者に対する「遺贈」などと取り扱われることになると思われますが，司法書士や弁護士などの専門家に相談するとよいでしょう。

遺言書に「遺贈する」と記載されている場合

4　遺言書に,「相続人Aに甲土地を遺贈する」と記載されている場合もあります。

このような遺言は,法的には「相続」ではなく,「遺贈」(民法964条)と扱われます。この場合は,「相続」登記ではなく「遺贈」による登記をすることになります。

相続人に対する「遺贈」による所有権の移転の登記は,遺言書等を添付して遺贈を受けた相続人が単独で申請することができます。他の相続人が登記申請手続に関与する必要はありません。

〈「遺贈する」との遺言の考え方〉

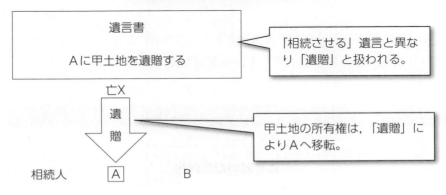

不動産登記推進
イメージキャラクター
「トウキツネ」

第2 遺言書による相続登記の流れ

登記申請手続の選択

1　まず，所有権の登記名義人が亡くなり，不動産について記載された遺言書がある場合には，その遺言書の文言が「相続させる」となっているか，「遺贈する」となっているかを確認します。

　「相続させる」（特定財産承継遺言）となっていれば，相続登記の手続をとることになります。

　これに対し，「遺贈する」と記載されていた場合には，「遺贈」による登記の手続をすることになります。

　それぞれ，登記申請の手続や必要な書面が異なりますので，まず，下記のフローチャートでいずれの登記申請手続を選択すべきかを確認してください。

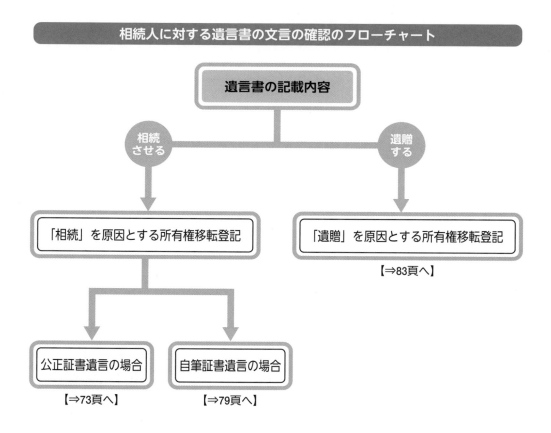

2 「相続させる」と記載された遺言書（特定財産承継遺言）に基づいて登記をする場合は，「相続による所有権移転登記」（相続登記）をすることになります。この場合には，不動産を取得した相続人が単独で登記を申請します。特定財産承継遺言に基づいて相続登記の申請をする場合には，相続人が遺言によって相続したことを証する書面を添付する必要があります。この場合に必要となる書面は，公正証書遺言の場合と自筆証書遺言の場合で異なりますので，第3，第4でそれぞれ分けて説明します。

また，登記を申請する際には，登録免許税を納付する必要があります。

相続登記の登録免許税は，課税価格の1000分の4です。

相続登記の申請のフローチャート

3 　「相続させる」と記載された遺言書による相続登記の申請に備えて，下記の書類を取得して準備しておく必要があります。

〈取得しておく書類〉

取得する書類（全て各1通）		取得場所	気をつけること
①被相続人（亡くなった所有権登記名義人）の「死亡」の記載がある戸籍全部事項証明書		被相続人の本籍地の市区町村役場	
②被相続人（亡くなった所有権登記名義人）の住民票の除票		最後の住所地の市区町村役場	「本籍地の記載が入っているもの。」と窓口で伝えるとよいでしょう。
③不動産を相続する相続人の戸籍謄本または戸籍抄本		それぞれの本籍地の市区町村役場	
④不動産を相続する相続人の住民票		住所登録地の市区町村役場	個人番号（マイナンバー）の記載がないものを取得します。
⑤遺言書	〈公正証書遺言の場合〉遺言公正証書の正本または謄本	ご自宅等または作成公証役場	検認は不要です。
	〈自筆証書遺言の場合〉家庭裁判所の検認済みの遺言書原本または遺言検認調書の謄本	遺言検認調書は管轄の家庭裁判所	法務局における遺言書の保管等に関する法律に基づいて法務局に保管されている自筆証書遺言の場合は，検認は不要です（**9**頁のコラム「遺言書保管制度」参照）。

第 3 　「相続させる」と記載された遺言書が公正証書遺言である場合の相続登記手続

公正証書遺言の入手

1　「相続させる」と記載された遺言書が**自筆証書遺言**であった場合には，後述のとおり，相続があったことを証する書面として，家庭裁判所の検認済みの遺言書原本または遺言検認調書の謄本を添付しなければなりませんが，「相続させる」と記載された遺言書が公正証書遺言であった場合には，検認手続をすることなく，その正本か謄本を入手して，これを相続登記の添付書類として用いることができます。

　公正証書遺言が存在するかどうか分からない場合は，近くの公証役場で検索をして確認してみましょう（11頁）。

登記申請書の作成

2　公正証書遺言がある場合の登記申請書の記載例は次頁のとおりです。

　黒字で記載された部分は，そのまま記入・作成してください。青字で記載された部分は，個々のケースにより変わってきますので後述の注意書きを読みながら記入・作成してください。

※法務局で受付シールを貼りますので，申請書の上部を
少し空けておくとよいでしょう。

登 記 申 請 書

登記の目的　　所有権移転　注1

原　　　因　　令和○年○月○日相続　注2

相　続　人　　（被相続人　法　務　花　子）　注3
　　　　　　　　○○県○○市○○町○丁目○○番○○号　注4
　　　　　　　　　　法　務　太　郎　印
　　　　　　　　連絡先電話番号○○－○○○○－○○○○　注5

添 付 情 報　　登記原因証明情報　　住所証明情報　注6

　　　送付の方法により登記完了証の交付を希望します。
　　　送付の方法により登記識別情報通知書の交付を希望します。　注7
　　　送付の方法により原本還付書類の受領を希望します。
　　　送付先の区分　申請人の住所

令和○年○月○日　注8
○○法務局御中　注9　　ほかに「○○地方法務局○○
　　　　　　　　　　　　支局」または「○○地方法務
　　　　　　　　　　　　局○○出張所」など

課 税 価 格　　金○○○万○，○○○円
　　　　　　　　　　　　　　　　　注10
登 録 免 許 税　　金○万円

不動産の表示　注11

　　所　　　在　　○○市○○町○丁目
　　地　　　番　　○○番○○
　　地　　　目　　宅地　　その他，畑，山林，雑種地など
　　地　　　積　　○○○.○○㎡

注1　一筆の不動産の全部の所有権を承継した場合には，記載例のとおり「所有権移転」と記載することになります。

　　　他方，相続する不動産が被相続人の持分権（例えば2分の1の持分など）の場合は「法務太郎持分全部移転」と記載します。

注2　「原因」には，「令和○年○月○日相続」と被相続人が亡くなった年月日を記入します。戸籍の死亡欄を見ながら正確な日付を記入しましょう。

　　　登記事項証明書に記録された被相続人の住所が，最後の住所と異なる場合には別の対応が必要になります。詳しくは49頁を参照してください。

注3　「相続人」の冒頭には，被相続人の財産を承継したことを明らかにするために，かっこ書きで，被相続人の氏名を記入します。

　　　登記事項証明書に記録された字体どおりに記入してください。

注4　「相続人」には，「不動産の表示」に記入する不動産を相続した相続人の住所，氏名を記入し，氏名の横に押印します。朱肉を使うものであれば，実印でなくても構いません。

　　　住所は，住民票のとおり正確に記入します。

　　　住所の区域の一つである「○丁目」「○丁」については，漢数字で記録する取扱いがされていますので，「一丁目」，「三丁目」というように漢数字で記入しておくことを推奨します。「○○町1－1－1」などと簡略化できませんので，住民票に記載のあるとおり，「○○町一丁目1番1号」と正確に記載します。

　　　なお，相続人が二名以上になるとき（共有になるとき）の記載方法は，57頁の注4を参照してください。

注5　相続人（登記の申請人）の連絡先の電話番号を記載します。これは登記申請書の記載内容等に補正（46頁）すべき点がある場合に，法務局の担当者が連絡するためです。平日の日中に連絡を受けることができる番号で，携帯電話の電話番号を記載することでも差し支えありません。

注6　「添付情報」には，登記申請書とともに添付して法務局に提出しなければならない書類の標目を記載します。登記申請書には，記載例のとおり記入すれば十分です。

注7　登記完了後の「登記識別情報通知」等を郵送で受け取りたい場合（49頁）の表記方法です。法務局で受け取るときは，表記は不要です。

価格　　　金○○，○○○，○○○円　注12

所　　　在　　○○市○○町○丁目○番地○
家 屋 番 号　　○○番○○
種　　　類　　居宅

> ほかに「共同住宅」，「車庫」などがあります。

構　　　造　　木造スレート葺2階建

> ほかに「鉄筋造陸屋根3階建て」などがあります。

床 面 積　　1階　○○.○○㎡
　　　　　　　2階　○○.○○㎡
価格　　　金○，○○○，○○○円　注12
注13

注8 日付は実際の「申請日」を記入してください。法務局に直接持参して申請する場合は，提出する直前に申請する日を書き入れるとよいでしょう。

注9 登記申請書と添付書類を提出する管轄法務局を記入します。不動産の所在によって管轄が決められており，必ず決められた管轄の法務局に提出する必要があります。「○○地方法務局○○支局」あるいは「○○地方法務局○○出張所」などの場合があります。管轄の法務局については，法務局（支局・出張所）に問い合わせるか，法務局のホームページに「管轄のご案内」というページがありますので参照してください。

注10 「課税価格」，「登録免許税」の計算方法は，38頁を参照してください。
　　　登録免許税を収入印紙で納付する場合には，収入印紙（絶対に消印をしないでください。）を貼り付けた用紙（登記申請書と同様のサイズの白紙で構いません。）を，登記申請書と一括してつづります（45頁の**図19**参照）。

注11 「不動産の表示」には登記の申請をする不動産を，登記事項証明書に記載されているとおりに記入してください。特に，所在，地番や家屋番号などは不動産を特定する重要な情報です。誤りがないように正確に記入してください。
　　　「不動産の表示」の記載方法について詳しくは30頁を参照してください。

注12 法務局の手続がスムーズに進むように不動産が複数ある場合には，不動産ごとにその価格を記載しておくことが一般的です。価格とは「納税通知書」や「課税明細書」，「評価証明書」の「価格」欄に記載された各不動産の評価額のことです。

注13 登記申請書が複数枚にわたる場合は，申請人は，「相続人」欄に押印した印鑑で，各用紙のつづり目に必ず契印をしてください（30頁の**図9**参照）。相続人が二名以上になり，申請人が二人以上いる場合は，そのうちの一人が契印をすることで差し支えありません。

3 　公正証書遺言による相続登記の申請に際して添付が必要な書面は以下のとおりです。

〈公正証書遺言で相続登記する場合の添付書類〉

添付書類の種類	具体的な書面	必要となる理由
登記原因証明情報	公正証書遺言正本または謄本	相続させる旨の遺言により遺産を承継したことを証明するためです。 ＊検認手続は不要です。
	被相続人の死亡の記載のある戸籍（除籍）全部事項証明書	遺言による相続の効力が生じたことを証明するためです。 ＊遺言による相続の場合は，遺言者の出生から死亡までの戸籍は必要ありません。
	被相続人の住民票の除票（または戸籍の除附票）	戸籍全部事項証明書には，被相続人の住所の記載はないため，登記記録上の被相続人と戸籍上の被相続人が同一人物であることを証明するために必要とされます。
	所有権の登記名義人となる相続人の戸籍全部事項証明書	相続を原因とした所有権移転登記である以上，遺産の承継者が遺言者である被相続人の相続人であることを証明するために必要となります。また，相続関係のほか，被相続人の相続開始時点で相続人が生存している（「死亡」の記載がない）ことを確認するために必要になります。
住所証明情報	所有権登記名義人となる相続人の住民票（または戸籍の附票）	新たに所有権登記名義人となる者について，その者が実在していることを証明するために必要となります。
課税価格を証明する書類	固定資産課税明細書または固定資産評価証明書	登録免許税算出の前提として，課税価格を算定するために，協力事項として提出を求められることが通常です。不動産を管轄する市区町村役場で発行されます。

注　なお，司法書士などに登記申請手続を委任する場合に，上記に加えて司法書士に対する委任状が必要となります。

検認手続

1　自筆証書遺言をした遺言者が亡くなった場合には，遺言書を保管している方または相続人は，相続開始を知った後，遅滞なく，被相続人の最後の住所地を管轄する家庭裁判所に検認手続を申し立てる必要があります。

　なお，法務局における遺言書の保管等に関する法律に基づいて法務局に保管されている自筆証書遺言については検認の必要はありません。

　検認の手続が終わったら，家庭裁判所に「検認済証明書」を申請し，自筆証書遺言書に添付してもらいます。

　検認手続については，9頁を参照してください。

登記申請書の作成

2　検認手続の後に，相続登記の申請書を作成することになります。登記申請書の内容は，公正証書遺言による場合と基本的に同じですので，74頁以降を参照してください。

登記申請書に添付が必要な書面

3　自筆証書遺言による相続登記の場合には，原則として家庭裁判所の検認済証明書付きの遺言書又は遺言検認調書の謄本が必要になります。必要書面については，次頁の表を参照してください。

〈自筆証書遺言で相続登記する場合の添付書類〉

添付書類の種類	具体的な書面	必要となる理由
登記原因証明情報	家庭裁判所の検認済みの遺言書原本または遺言検認調書の謄本	相続させる旨の遺言により遺産を承継したことを証明するためです。 検認調書は検認手続を行った管轄の家庭裁判所で取得します。 法務局における遺言書の保管等に関する法律に基づいて法務局に保管されている自筆証書遺言の場合は，検認調書は不要です。
	被相続人の死亡の記載のある戸籍（除籍）全部事項証明書	遺言による相続の効力が生じたことを証明するためです。 ＊遺言による相続の場合は，遺言書の出生から死亡までの戸籍は必要ありません。
	被相続人の住民票の除票（または戸籍の除附票）	戸籍全部事項証明には，被相続人の住所の記載はないため，登記記録上の被相続人と戸籍上の被相続人が同一人物であることを証明するために必要とされます。
	所有権の登記名義人となる相続人の戸籍全部事項証明書	相続を原因とした所有権移転登記である以上，遺産の承継者が遺言者である被相続人の相続人であることを証明するために必要になります。また，相続関係のほか，被相続人の相続開始時点で相続人が生存している（「死亡」の記載がない）ことを確認するために必要になります。
住所証明情報	所有権登記名義人となる相続人の住民票（または戸籍の附票）	新たに所有権登記名義人となる者について，その者が実在していることを証明するために必要になります。また，相続関係のほか，被相続人の相続開始時点で相続人が生存している（「死亡」の記載がない）ことを確認するために必要になります。
課税価格を証明する書類	固定資産課税明細書または固定資産評価証明書	登録免許税算出の前提として，課税価格を算定するために，協力事項として提出を求められることが通常です。不動産を管轄する市区町村役場で発行されます。

注 なお，司法書士などに登記申請手続を委任する場合に，上記に加えて司法書士に対する委任状が必要となります。

第5 遺言執行者がいる場合の相続登記手続

遺言執行者による申請

1 　遺言書に「遺言執行者」が指定されていることがあります。遺言執行者とは，遺言者に代わって，遺言の内容を実現するために必要な事務処理を行う者をいいます。

遺言執行者は，遺言者が遺言で指定することができます（民法1006条1項前段）。

指定された遺言執行者は，就職することもしないこともできます。遺言執行者が就職した場合には，遺言執行者が「相続させる」と記載された遺言（特定財産承継遺言）に基づく相続登記を申請することも可能です（民法1014条2項。遺言書の内容によって遺言執行者では登記申請できない場合もあるので，詳細は司法書士または弁護士に相談してください。なお，相続人の一人から申請することも可能です。）。

遺言執行者は，遺言者に相続が発生して就職した後は，遺言者の遺産に関する目録（遺産目録といいます。）を作成して各相続人に通知しなければなりません。

なお，遺言で遺言執行者が指定されていないときは，家庭裁判所に対して，遺言執行者を選任してもらう申立てをすることができます。

特に，自筆証書遺言の場合には，検認の手続と同時に申し立てることも可能ですので，必要性も含めて専門家に相談することをおすすめします。

遺言執行者に指定されて就職すると，上記のような各相続人への遺産目録の通知など，様々な職務を行う必要がありますので，遺言執行者の就職を検討する際は，専門家に相談するとよいでしょう。以下では，遺言執行者が相続登記を申請する場合の手続について説明します。

遺言執行者の手続

2 　(1)　登記申請書

「相続させる」と記載された遺言（特定財産承継遺言）に基づく相続登記の申請は，遺言執行者が単独ですることができます。この場合には，相続人の表記の下に，次の様な表示を追加して記載します。

```
相　続　人　　被相続人（法　務　花　子）
　　　　　　　　○○県○○市○○町○丁目○○番○○号
　　　　　　　　　　　　　法　務　太　郎　　印
上記遺言執行者　　○○県○○市○○町○丁目○○番○○号
　　　　　　　　　　　　　司　法　一　郎　　印
　　　　　　　連絡先電話番号　○○－○○○○－○○○○
```

　また，連絡先の電話番号は，遺言執行者の電話番号を記載します。

　相続人に対する遺贈を原因とする所有権移転登記の登録免許税は，相続の場合と同様に，課税価格の1000分の4（0.4％）です（登録免許税法別表第1の1(2)イの「相続」には，相続人に対する遺贈も含まれます（登録免許税法17条1項）。）。

　その他は，遺言書による相続登記の申請書と同じです。

(2)　**遺言執行者が申請する場合の添付書類**

　遺言書で指定された遺言執行者が相続登記を申請する場合は，遺言執行者として指定されたことを証する遺言書と遺言者の死亡を証する書面（戸籍全部事項証明書等）が必要ですが，いずれも登記原因証明情報として添付するものと重複するため，重ねて添付する必要はありません。

第4章　相続人に対する遺贈の登記

第1　相続人に対して「遺贈する」と記載された遺言書がある場合

　遺言書の文言が，例えば，相続人であるAに「甲土地を遺贈する」と記載されている場合は，法的には「遺贈」（民法964条）と扱われます。この場合には，「相続」登記ではなく，「遺贈」を原因とする所有権移転登記を申請することになります。

　相続人に対する遺贈を原因とする所有権移転登記は，遺贈を受けた者（受遺者といいます。）が単独で申請をすることができます。

　なお，相続人以外の者に対する遺贈については，相続人全員と受遺者とが共同して申請（遺言執行者が就職した場合には，受遺者と遺言執行者とが共同して申請）する必要がありますので，注意してください。そのため，相続人以外の者に対する遺贈をする遺言書がある場合には，登記の専門家である司法書士などに相談することをおすすめします。

　ここでは，受遺者が単独で申請することができる「相続人に対する遺贈」に限って説明します。

遺贈の相手方と登記手続の違い

「甲土地を遺贈する」と記載された遺言書がある

↓

遺贈を原因とする所有権移転登記
- 相続人への遺贈 → 受遺者による単独申請（不動産登記法63条3項）
- 第三者への遺贈 → 受遺者と相続人全員との共同申請（不動産登記法60条）

第2 相続人に対して「遺贈する」と記載された遺言書がある場合の登記手続

相続人に対する遺贈登記の申請のフローチャート

1

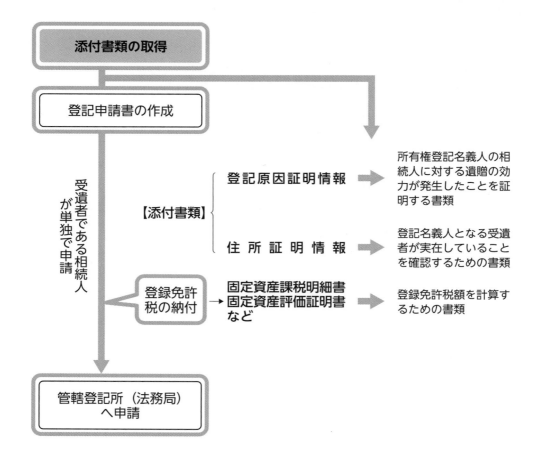

添付書類の取得

登記申請書の作成

受遺者である相続人が単独で申請

【添付書類】

登記原因証明情報　→　所有権登記名義人の相続人に対する遺贈の効力が発生したことを証明する書類

住所証明情報　→　登記名義人となる受遺者が実在していることを確認するための書類

登録免許税の納付　→　固定資産課税明細書　固定資産評価証明書　など　→　登録免許税額を計算するための書類

管轄登記所（法務局）へ申請

2 相続人に対して「遺贈する」と記載された遺言書がある場合には，「遺贈」を原因とする所有権移転登記の申請に備えて下記の書類を取得等して準備しておく必要があります。

〈取得しておく書類〉

取得する書類（全て各 1 通）	取得場所	気をつけること
①被相続人＝遺贈者（亡くなった所有権登記名義人）の「死亡」の記載がある戸籍謄本	本籍地の市区町村役場	
②被相続人＝遺贈者（亡くなった所有権登記名義人）の，住民票の除票	最後の住所地の市区町村役場	「本籍地の記載が入っているもの。」と窓口で伝えるとよいです。
③不動産の遺贈を受ける相続人の戸籍謄本または戸籍抄本	それぞれの本籍地の市区町村役場	
④不動産の遺贈を受ける相続人の住民票	住所登録地の市区町村役場	個人番号（マイナンバー）の記載がないものを取得します。
⑤遺言書 〈公正証書遺言の場合〉遺言公正証書の正本または謄本	ご自宅等または作成公証役場	検認は不要です。
〈自筆証書遺言の場合〉家庭裁判所の検認済みの遺言書原本または遺言検認調書の謄本	遺言検認調書は管轄の家庭裁判所	法務局における遺言書の保管等に関する法律に基づいて法務局に保管されている自筆証書遺言の場合は，検認は不要です（9頁のコラム「遺言書保管制度」参照）。

3 「遺贈」を原因とする所有権移転登記の申請書の記載例は次のとおりです。

黒字で記載された部分は，そのまま記入・作成してください。青字で記載された部分は，個々のケースにより変わってきますので後述の注意書きを読みながら記入・作成してください。

登　記　申　請　書

登記の目的　　所有権移転　 注1

原　　　因　　令和○年○月○日遺贈　 注2

権　利　者（申請人）

　　　　　　　○○県○○市○○町○丁目○○番○○号　 注3

　　　　　　　　　法　務　太　郎　印

　　　　　　　連絡先電話番号○○－○○○○－○○○○　 注4

義　務　者　　○○県○○市○○町○丁目○○番○○号　 注5

　　　　　　　　　亡　法　務　花　子

添付情報　　　登記原因証明情報　　住所証明情報　 注6

　　送付の方法により登記完了証の交付を希望します。

　　送付の方法により登記識別情報通知書の交付を希望します。　 注7

　　送付の方法により原本還付書類の受領を希望します。

　　送付先の区分　申請人の住所

令和○年○月○日　 注8

○○法務局御中　 注9

> ほかに「○○地方法務局○○支局」または「○○地方法務局○○出張所」など

課税価格　　　金○○○万○，○○○円

注10

登録免許税　　金○万円

不動産の表示　 注11

　　所　　　在　　○○市○○町○丁目

　　地　　　番　　○○番○○

注1 　一筆の不動産の全部の所有権を承継した場合には，記載例のとおり「所有権移転」と記載することになります。

　　他方，遺贈により取得する不動産が遺贈者（「遺贈する」旨の遺言をして亡くなった方）の持分権（例えば２分の１の持分など）の場合は「法務太郎持分全部移転」と記載します。

注2 　「原因」には，「令和○年○月○日遺贈」と被相続人が死亡した年月日を記入します。戸籍の死亡欄を見ながら正確な日付を記入しましょう。

　　登記事項証明書に記録された被相続人の住所が，最後の住所と異なる場合には別の対応が必要になります。詳しくは**49**頁を参照してください。

注3 　「権利者」には，「不動産の表示」に記入する不動産の遺贈を受けた受遺者（相続人）の住所，氏名を記入します。住所は，住民票のとおり正確に記入します。

　　また，単独申請の申請人である旨を明確にするために「（申請人）」と付記し，受遺者の氏名の横に押印します。朱肉を使うものであれば，実印でなくても構いません。

　　住所の区域の一つである「○丁目」「○丁」については，漢数字で記録する取扱いがされていますので，「一丁目」，「三丁目」というように漢数字で記入しておくことを推奨します。「○○町１−１−１」など簡略化できませんので，住民票に記載のあるとおり，「○○町一丁目１番１号」と正確に記載します。

注4 　受遺者である相続人（登記の申請人）の連絡先の電話番号を記載します。これは登記申請書の記載内容等に補正（**46**頁）すべき点がある場合に，法務局の担当者が連絡するためです。平日の日中に連絡を受けることができる番号で，携帯電話の電話番号を記載することでも差し支えありません。

注5 　「義務者」には，遺贈者である亡くなった方の最後の住所及び氏名を記載します。住所は，住民票の除票のとおり正確に記入します。

注6 　「添付情報」には，登記申請書とともに添付して法務局に提出しなければならない書類の標目を記載します。登記申請書には，記載例のとおり記入すれば十分です。

注7 　登記完了後の「登記識別情報通知」等を郵送で受け取りたい場合（**49**頁）の表記方法です。法務局で受け取るときは，表記は不要です。

注8 　日付は実際の「申請日」を記入してください。法務局に直接持参して申請する場合は，提出する直前に申請する日を書き入れるとよいでしょう。

地　　　目　　宅地　　　　　　その他，畑，山林，雑種地など

地　　　積　　○○.○○㎡

　　　価格　　金○○，○○○，○○○円　　注12

所　　　在　　○○市○○町○丁目○番地○

家 屋 番 号　　○○番○○

種　　　類　　居宅　　　　　　ほかに「共同住宅」，「車庫」など
　　　　　　　　　　　　　　　があります。

構　　　造　　木造スレート葺2階建

床 面 積　　　1階　　○○.○○㎡　　ほかに「鉄筋造陸屋根3階建て」
　　　　　　　　　　　　　　　　　　などがあります。

　　　　　　　2階　　○○.○○㎡

　　　価格　　金○，○○○，○○○円　　注12

注13

注9　登記申請書と添付書類を提出する管轄法務局を記入します。不動産の所在によって管轄が決められており，必ず決められた管轄の法務局に提出する必要があります。「○○地方法務局○○支局」あるいは「○○地方法務局○○出張所」などの場合があります。管轄の法務局については，法務局（支局・出張所）に問い合わせるか，法務局のホームページに「管轄のご案内」というページがありますので参照してください。

注10　「課税価格」，「登録免許税」の計算方法は，38頁を参照してください。

　　　登録免許税を収入印紙で納付する場合には，収入印紙（絶対に消印をしないでください。）を貼り付けた用紙（登記申請書と同様のサイズの白紙で構いません。）を，登記申請書と一括してつづります（45頁の**図19**参照）。

注11　「不動産の表示」には登記の申請をする不動産を，登記事項証明書に記載されているとおりに記入してください。特に，所在，地番や家屋番号などは不動産を特定する重要な情報です。誤りがないように正確に記入してください。

　　　「不動産の表示」の記載方法について詳しくは30頁を参照してください。

注12　法務局の手続がスムーズに進むように不動産が複数ある場合には，不動産ごとにその価格を記載しておくことが一般的です。価格とは「納税通知書」や「課税明細書」，「評価証明書」の「価格」欄に記載された各不動産の評価額のことです。

注13　登記申請書が複数枚にわたる場合は，申請人は，「権利者（申請人）」欄に押印した印鑑で，各用紙のつづり目に必ず契印をしてください（30頁の**図9**参照）。申請人が二人以上いる場合は，そのうちの一人が契印をすることで差し支えありません。

登記申請書に添付が必要な書面

4 　相続人に対する遺贈の登記申請に際して添付が必要な書面は以下のとおりになります。

〈取得しておく書類〉

添付書類の種類	具体的な書面	必要となる理由
登記原因証明情報	〈公正証書遺言の場合〉 公正証書遺言正本または謄本	遺贈により財産を承継したことを証明するために必要になります。 ＊法務局における遺言書の保管等に関する法律に基づいて法務局に保管されている自筆証書遺言については検認済証明書は不要。
	〈自筆証書遺言の場合〉 遺言書（検認済証明書付き）	
	遺贈者の死亡の記載のある戸籍（除籍）全部事項証明書	遺贈の効力が生じたことを証明するために必要になります。
	遺贈者の住民票の除票（または戸籍の除附票）	戸籍全部事項証明には，被相続人の住所の記載はないため，登記記録上の被相続人と戸籍上の被相続人が同一人物であることを証明するために必要とされます。
	所有権の登記名義人となる相続人（受遺者）の戸籍全部事項証明書	相続人に対する遺贈を原因とした所有権移転登記である以上，受遺者が相続人であることを証明するために必要となります。また，相続関係のほか，被相続人の相続開始時点で相続人が生存している（「死亡」の記載がない）ことを確認するために必要になります。
住所証明情報	所有権登記名義人となる相続人の住民票（または戸籍の附票）	新たに所有権登記名義人となる者について，その者が実在していることを証明するために必要となります。
課税価格を証明する書類	固定資産課税明細書または固定資産評価証明書	登録免許税算出の前提として，課税価格を算定するために，協力事項として提出を求められるのが通常です。不動産を管轄する各市町村で発行されます。

注　なお，司法書士などに登記申請手続を委任する場合に，上記に加えて司法書士に対する委任状が必要となります。

〈参考　数次相続がある場合の登記手続〉

数次相続が発生している場合の相続登記について

1　父，母，子がいて，父が亡くなったときは，父の遺産（甲土地）は，遺産分割がされていなければ，母と子が2分の1ずつ相続します（法定相続分による相続）。この場合に，母や子が，父の遺産である甲土地について相続登記をしておらず，母が亡くなった場合には，母が持っていた甲土地の2分の1の持分を子が相続します。このように，何度も相続が発生している場合を「数次相続」といいます。

　以下では，相続登記をしない間に何度も相続が発生していた場合（数次相続がある場合）の登記手続について，上記の例で父の名義の甲土地を子に名義を変える手続を解説します。

　亡母の生前に，亡父の遺産についての遺産分割協議や遺言がなかった場合には，登記名義を，亡父から子へ直接移転させる相続登記をすることはできません。父→母・子という相続と，母→子という相続が二つ発生しており，それぞれ相続登記の手続をしなければならないからです。

　この場合は，①いったん亡父から亡母と子への相続登記を行い（一件目），②亡母の持分について子へ相続登記を行う（二件目），という二件の申請手続をすることになります。

　具体的にどのように登記申請書を作成したらよいのかを次の頁から解説しますので参考にしてください。もっとも，数次相続は，複雑なケースも多いため，難しい場合は専門家に相談することをおすすめします。

　なお，一件目と二件目の登記申請書は，法務局で同時に申請することができます。特に事情がない限り，一件目（亡父についての相続登記）と二件目（亡母についての相続登記）について，連続で受付番号が付されます。二件の申請手続をする必要があるといっても，申請自体の手間は一度で終わるというイメージでよいでしょう。

〈数次相続のイメージ〉

```
　　　①1件目
　　　亡父　→　持分2分の1　亡母　⎫
　　　　　　　　持分2分の1　自分　⎭　①数次相続1件目（92頁）


　　　②2件目
　　　亡母持分　→　持分2分の1　自分　⎬　②数次相続2件目（96頁）


　　　※①と②を合わせて，完全に一の所有権ということになる。
```

数次相続1件目の登記申請書の作成例

2 　登記事項証明書の「権利部（甲区）」欄に，所有者として被相続人（亡父法務一郎）の氏名があるが相続登記をしないままに母（法務花子）も亡くなったケースで，まず，亡母（法務花子）と申請人（子法務太郎）の共有名義とするための相続登記についての登記申請書の例になります。

　ここで，法務一郎が亡父，法務花子が亡母，法務太郎が亡父母の唯一の子であり，法務太郎が登記申請人となって登記申請をするケースを念頭に置いています。

　黒字で記載された部分は，そのまま記入・作成してください。

　青字で記載された部分は，個々のケースにより変わってきますので以下の注意書きと解説を読みながら記入・作成してください。

　※法務局で受付シールを貼りますので，申請書の上部を少し空けておくとよいでしょう。

登 記 申 請 書

登記の目的　　　所有権移転

原　　　因　　　令和○年○月○日相続　　**注1**

相　続　人　　　（被相続人　法　務　一　郎）　**注2**
　　　　　　　　○○県○○市○○町○丁目○○番○○号
　　　　　　　　持分2分の1　　亡　法　務　花　子　　**注3**

　　（申請人）　○○県○○市○○町○丁目○○番○○号
　　　　　　　　持分2分の1　　法　務　太　郎　印　　**注4**
　　　　　　　　連絡先電話番号　○○○－○○○○－○○○○

添　付　情　報　　登記原因証明情報　　住所証明情報　　**注5**

　　送付の方法により登記完了証の交付を希望します。　　**注6**
　　送付の方法により登記識別情報通知書の交付を希望します。

● 数次相続１件目の相続登記の注意事項

注1 ここでの「被相続人」は，数次相続で最初に亡くなった方のことをいいます（ここでは亡父法務一郎になりますので，以下はそれを前提に説明します。）。

　　亡父の相続開始の年月日（父が亡くなった年月日）を記入します。

　　戸籍の死亡欄を見ながら正確な日付を記入しましょう。

注2 「相続人」の冒頭には，被相続人である亡父の氏名を記入します。

　　登記事項証明書に記録された字体どおりに記入してください。

注3 父が亡くなった際の相続人である亡母の住所，持分，氏名を記入します。住所は最後の住所，持分は法定相続分である２分の１，氏名は「亡○○」という記入の仕方をします。

　　住所は，住民票の除票のとおり正確に記入します。

　　住所の区域の一つである「○丁目」「○丁」については，漢数字で記録する取扱いがされていますので，「一丁目」，「三丁目」というように漢数字で記入しておくことを推奨します。「○○町１－１－１」など簡略化できませんので，住民票に記載のあるとおり，「○○町一丁目１番１号」と正確に記載します。

注4 父が亡くなった際の相続人である申請人の住所，持分（法定相続分である２分の１），氏名を記入し，氏名の横に押印します。朱肉を使うものであれば，実印でなくても構いません。

　　住所は，住民票のとおり正確に記入します。

　　また，相続人（登記の申請人）の連絡先の電話番号を記載します。これは登記申請書の記載内容等に補正（**46**頁）すべき点がある場合に，法務局の担当者が連絡するためです。平日の日中に連絡を受けることができる番号で，携帯電話の電話番号を記載することでも差し支えありません。

注5 「添付情報」には，登記申請書とともに添付して法務局に提出しなければならない書類の標目を記載します。登記申請書には，記載例のとおり記入すれば十分です。

注6 登記完了後の「登記識別情報通知」等を郵送で受け取りたい場合（**49**頁）の表記方法です。法務局で受け取るときは，表記は不要です。

送付の方法により原本還付書類の受領を希望します。 ⎫ 注6
送付先の区分　申請人の住所 ⎭

令和○年○月○日　注7

○○法務局御中　注8　← ほかに「○○地方法務局○○支局」または「○○地方法務局○○出張所」など

課 税 価 格　　金○，○○○万○，○○○円 ⎫
⎬ 注9
登 録 免 許 税　　金○万円 ⎭

不動産の表示　注10

所　　在　　○○市○○町○丁目
地　　番　　○○番○○
地　　目　　宅地　← その他，畑，山林，雑種地など
地　　積　　○○○．○○㎡
　　価格　　金○○，○○○，○○○円　注11

所　　在　　○○市○○町○丁目○○番地○○
家 屋 番 号　　○○番○○
種　　類　　居宅　← ほかに「共同住宅」，「車庫」などがあります。
構　　造　　木造かわらぶき２階建
床 面 積　　1階　　○○．○○㎡　← ほかに「鉄筋造陸屋根3階建て」などがあります。
　　　　　　2階　　○○．○○㎡
　　価格　　金○，○○○，○○○円　注11
注12

注7　日付は実際の「申請日」を記入してください。法務局に直接提出して申請する場合は，提出する直前に申請する日を書き入れるとよいでしょう。

注8　登記申請書と添付書類を提出する管轄法務局を記入します。不動産の所在によって管轄が決められており，必ず決められた管轄の法務局に提出する必要があります。「○○地方法務局○○支局」あるいは「○○地方法務局○○出張所」などの場合があります。管轄の法務局については，法務局（支局・出張所）に問い合わせるか，法務局のホームページに「管轄のご案内」というページがありますので参照してください。

注9　「課税価格」，「登録免許税」の計算方法は，38頁を参照してください。

　　　登録免許税を収入印紙で納付する場合には，収入印紙（絶対に消印をしないでください。）を貼り付けた用紙（登記申請書と同様のサイズの白紙で構いません。）を，登記申請書と一括してつづり，申請人がつづり目に必ず契印をしてください。

注10　「不動産の表示」には登記の申請をする不動産を，登記事項証明書に記載されているとおりに記入してください。特に，所在，地番や家屋番号などは不動産を特定する重要な情報です。誤りがないように正確に記入してください。

　　　「不動産の表示」の記載方法について詳しくは30頁を参照してください。

注11　法務局の手続がスムーズに進むように，不動産が複数ある場合には，不動産ごとにその価格を記載しておくことが一般的です。価格とは「納税通知書」や「課税明細書」，「評価証明書」の「価格」欄に記載された各不動産の評価額のことです。

注12　登記申請書が複数枚にわたる場合は，申請人は，「相続人」欄に押印した印鑑で，各用紙のつづり目に必ず契印をしてください（30頁の**図9**参照）。申請人が二人以上いる場合は，そのうちの一人が契印をすることで差し支えありません。

3 亡母（法務花子）と申請人（子法務太郎）への相続登記に続いてする，亡母名義（法務花子）の持分を申請人（子法務太郎）名義とするための相続登記についての登記申請書の例になります。

ここでは，法務花子が亡母，法務太郎が亡父母の唯一の子であり，法務太郎が登記申請人となって登記申請をするケースを念頭に置いています。

黒字で記載された部分は，そのまま記入・作成してください。

青字で記載された部分は，個々のケースにより変わってきますので以下の注意書きと解説を読みながら記入・作成してください。

※法務局で受付シールを貼りますので，申請書の上部を少し空けておくとよいでしょう。

登 記 申 請 書

登記の目的　　亡法務花子持分全部移転　〔注1〕

原　　　因　　令和○年○月○日相続

相　続　人　　（被相続人　法　務　花　子）　〔注2〕
　　　　　　　　○○県○○市○○町○丁目○○番○○号
　　　　　　　　持分2分の1　　法　務　太　郎　印　〔注3〕
　　　　　　・連絡先電話番号○○－○○○○－○○○○

添 付 情 報　　登記原因証明情報（一部前件添付）　住所証明情報（前件添付）　〔注4〕

　　　　送付の方法により登記完了証の交付を希望します。
　　　　送付の方法により登記識別情報通知書の交付を希望します。　〔注5〕
　　　　送付の方法により原本還付書類の受領を希望します。
　　　　送付先の区分　申請人の住所

令和○年○月○日　〔注6〕

● 数次相続2件目の相続登記の注意事項

注1 ここでの「被相続人」は，数次相続で二番目に亡くなった方のことをいいます（ここでは亡母法務花子になりますので，以下はそれを前提に説明します。）。

　　登記の目的欄に「亡法務花子」（被相続人の氏名）を記入します。

　　「原因」に「令和○年○月○日相続」と母が亡くなった年月日を記入します。戸籍の死亡欄を見ながら正確な日付を記入しましょう。

注2 「相続人」の冒頭には，被相続人である亡母の氏名を記入します。

　　登記事項証明書に記録された字体どおりに記入してください。

注3 亡母の相続人である申請人（子法務太郎）の住所，取得する持分，氏名を記入し，氏名の横に押印します。朱肉を使うものであれば，実印でなくても構いません。

　　住所は，住民票のとおり正確に記入します。

　　また，相続人（登記の申請人）の連絡先の電話番号を記載します。これは登記申請書の記載内容等に補正（46頁）すべき点がある場合に，法務局の担当者が連絡するためです。平日の日中に連絡を受けることができる番号で，携帯電話の電話番号を記載することでも差し支えありません。

注4 「添付情報」には，登記申請書とともに添付して法務局に提出しなければならない書類の標目を記載します。登記申請書には，記載例のとおり記入すれば十分です。

　　ここでのポイントは，一件目の登記申請書と同時に二件目の登記申請書を提出する場合は，記載例の様に「前件添付」と記載することで，一件目に添付して提出した書類を二件目にも流用することができる（二件目の申請書への添付を省略できる）ことです。具体的には，申請人の住民票と戸籍に関する証明書や，一件目に添付した亡父に関する戸籍謄本等のうち，亡母の記載も含まれているもの，亡母の住民票の除票の写し，不動産の評価が分かる固定資産評価証明書などは，「前件添付」の記載により二件目の申請書への添付を省略することができます。

注5 登記完了後の「登記識別情報通知」等を郵送で受け取りたい場合（49頁）の表記方法です。法務局で受け取るときは，表記は不要です。

注6 日付は実際の「申請日」を記入してください。法務局に直接提出して申請する場合は，提出する直前に申請する日を書き入れるとよいでしょう。

○○法務局御中　　注7 ┄┄┄┄ ほかに「○○地方法務局○○支局」または
「○○地方法務局○○出張所」など

課 税 価 格　　移転した持分の価格

　　　　　　　　金○○○万○，○○○円

注8

登 録 免 許 税　　金○万円

不動産の表示　　注9

　　所　　　在　　○○市○○町○丁目
　　地　　　番　　○○番○○
　　地　　　目　　宅地 ┄┄ その他，畑，山林，雑種地など
　　地　　　積　　○○○．○○㎡
　　価　　　格　　金○○，○○○，○○○円　　注10

　　所　　　在　　○○市○○町○丁目○○番地○○
　　家 屋 番 号　　○○番○○
　　種　　　類　　居宅 ┄┄┄ ほかに「共同住宅」，「車庫」など
　　　　　　　　　　　　　　があります。
　　構　　　造　　木造かわらぶき2階建
　　床 面 積　　1階　○○．○○㎡ ┄┄ ほかに「鉄筋造陸屋根3階建て」
　　　　　　　　　　　　　　　　　　　　　　　　　　などがあります。
　　　　　　　　　2階　○○．○○㎡
　　　価格　　金○，○○○，○○○円　　注10
　　注11

注7 登記申請書と添付書類を提出する管轄法務局を記入します。不動産の所在によって管轄が決められており，必ず決められた管轄の法務局に提出する必要があります。「○○地方法務局○○支局」あるいは「○○地方法務局○○出張所」などの場合があります。管轄の法務局については，法務局（支局・出張所）に問い合わせるか，法務局のホームページに「管轄のご案内」というページがありますので参照してください。

注8 「課税価格」，「登録免許税」の計算方法は，38頁を参照してください。
数次相続の場合は一定の要件を満たすと登録免許税が免税される場合があります。その場合には，登録免許税額の記載に代えて免税の根拠となる法令の条項を記入します。

注9 「不動産の表示」には登記の申請をする不動産を，登記事項証明書に記載されているとおりに記入してください。

注10 不動産が複数ある場合には，不動産ごとにその価格を記載しておくことが一般的です。価格とは「納税通知書」や「課税明細書」，「評価証明書」の「価格」欄に記載された各不動産の評価額のことです。

注11 登記申請書が複数枚にわたる場合は，申請人は，「相続人」欄に押印した印鑑で，各用紙のつづり目に必ず契印をしてください（30頁の**図9**参照）。申請人が二人以上いる場合は，そのうちの一人が契印をすることで差し支えありません。

問い合わせ一覧

※令和5年5月末時点

裁判所への申立てを必要とする場合の手続方法や必要書類について

○裁判所（管轄が決まっています）　https://www.courts.go.jp/

○日本弁護士連合会　https://www.nichibenren.or.jp/

相続登記の相談・依頼

○日本司法書士会連合会　→　各都道府県会へ問い合わせてください。

　　https://www.shiho-shoshi.or.jp/

○日本司法書士会連合会　相続登記相談センター特設サイト

　　https://www.shiho-shoshi.or.jp/inheritance_lp

相続に関連して，土地の境界や登記されていない建物についてのご相談

○日本土地家屋調査士会連合会　https://www.chosashi.or.jp/

相談窓口がわからない方

○日本司法支援センター（法テラス）　https://www.houterasu.or.jp/

法制度について

○法務省民事局「あなたと家族をつなぐ相続登記～相続登記・遺産分割を進めましょう～」

　　https://www.moj.go.jp/MINJI/minji05_00435.html

法務局の管轄を調べたい方

○法務局　https://houmukyoku.moj.go.jp/homu/static/index.html

遺言について

○日本公証人連合会　https://www.koshonin.gr.jp/

登記情報提供サービスについて

○民事法務協会　https://www1.touki.or.jp/

事 項 索 引

執筆者一覧

大坪　和敏（おおつぼ　かずとし）

馬場・澤田法律事務所

1997年4月　弁護士登録（49期・東京弁護士会）
2014年4月～2017年3月　司法研修所　民事弁護教官

姫野　博昭（ひめの　ひろあき）

りべる総合法律事務所

2000年11月　弁護士登録（53期・東京弁護士会）
2015年4月～2018年3月　司法研修所　民事弁護教官
2018年4月～　筑波大学人文社会ビジネス科学学術院教授

岡本　昌巳（おかもと　まさみ）

吉祥寺司法書士事務所

2001年4月　司法書士登録（東京司法書士会）
2004年9月　簡易訴訟代理等関係業務認定
2013年4月～2015年3月　東京司法書士会武蔵野支部　支部長

桒原　穂高（くわはら　ほだか）

司法書士法人つばさ総合事務所

2015年3月　司法書士登録（東京司法書士会）
2015年9月　簡裁訴訟代理等関係業務認定
2022年8月　司法書士法人会員登録（東京司法書士会）

フローチャートでわかる　かんたん相続登記

2023年6月14日　初版発行

編　者　相続登記実務研究会

発行者　和　田　　裕

発 行 所　日本加除出版株式会社
本　社　〒171-8516
東京都豊島区南長崎3丁目16番6号

組版　㈱郁文　印刷　㈱亨有堂印刷所　製本　牧製本印刷㈱
表紙デザイン　㈱オセロ

〒171-8516
東京都豊島区南長崎3丁目16番6号
日本加除出版株式会社　営業企画課
電話　　03-3953-5642
FAX　　03-3953-2061
e-mail　toiawase@kajo.co.jp
URL　　www.kajo.co.jp

代襲相続・再転相続・数次相続の法律と実務

安達敏男・吉川樹士 著

2022年11月刊 A5判 260頁 定価3,080円(本体2,800円) 978-4-8178-4841-3

- ●代襲・再代襲、再転・再々転など、複雑なケースにおける相続実務を解説。
- ●数次相続における登記実務について、遺産分割協議書や登記申請書等の書式を多数収録。相次相続控除などの相続税法上の問題点にも言及。寄与分や特別受益が絡むケースや、死因贈与、負担付遺贈等のケースも詳解。

商品番号：40925
略　号：数相

全訂第三版補訂
相続における戸籍の見方と登記手続

髙妻新・荒木文明・後藤浩平 著

2022年4月刊 A5判上製箱入 1,624頁 定価15,400円(本体14,000円) 978-4-8178-4797-3

- ●相続適格者認定上必須の戸籍の見方を、ひな形、図表とともに191問のQ&Aでわかりやすく解説。相続登記について、申請書等のひな形を示してわかりやすく解説した53事例を収録。
- ●改訂第二版刊行から10年の間の法改正や戸籍のコンピュータ化等に対応。

商品番号：40039
略　号：相戸

新旧民法・相続キーワード215
相続法変遷・相続人特定チェックリスト付き

末光祐一 著

2021年12月刊 A5判 240頁 定価2,750円(本体2,500円) 978-4-8178-4774-4

- ●年代別の民法の変遷と相続の関係を図表とともにコンパクトに整理。
- ●相続人特定チェックリストなど、実務的なツールも収録。
- ●改正相続法のみならず、旧民法の相続や、旧民法施行前の相続を理解するうえで必要不可欠な「キーワード」を網羅し、事例や表を交えて解説。

商品番号：40886
略　号：相キ

第4版 # 家庭裁判所における遺産分割・遺留分の実務

片岡武・管野眞一 編著

2021年12月刊 A5判 664頁 定価5,060円(本体4,600円) 978-4-8178-4755-3

- ●実務運用の解説→ 設例解説→ 裁判例紹介の内容構成で実務を詳解。特に遺産分割調停にスポットを当て、留意点を丁寧に解説する唯一の書。
- ●第4版では、改正相続法、令和3年改正民法・不動産登記法を踏まえた最新の実務を詳解。改正法と家裁実務をさらに深く丁寧に掘り下げる。

商品番号：40394
略　号：遺分

日本加除出版

〒171-8516　東京都豊島区南長崎3丁目16番6号
営業部　TEL (03) 3953-5642　FAX (03) 3953-2061
www.kajo.co.jp